反日

東アジアにおける感情の政治

Anti-Japan:
The Politics of Sentiment in Postcolonial East Asia

レオ・チン 著
Leo T. S. Ching
倉橋耕平 監訳
趙相宇
永冨真梨
比護遥
輪島裕介 訳

人文書院

日本語版への序文

一九七〇年代半ば、家族で台湾から日本に移住してきた幼年時代の二つの出来事を今でも鮮明に覚えている。一つは、近所のスーパーマーケットで外にある自動販売機に一〇〇円玉を入れてカップ麺を取り出し、パッケージを開けてお湯を入れ、三分後には美味しいカップラーメンが食べられることを知ったときの圧倒的な感動だ。このありふれているが、魔法のような行為は、日本の近代性の優位さを私に印象付けた。二つ目のエピソードは、人民服を着た中国人男性の集団が近所を散歩しているのを一瞥して、ゾッとするような恐怖を感じたことだ。台湾の小学校の教科書とメディアによって、共産党は邪悪で残酷な存在であると教え込まれていたからだ。家族が定住し、新しい環境に慣れてくると、これらの最初の印象は薄れていった。私の日本での人格形成期は、平穏そのものだった。私は正規の在留資格が必要とされない時や、市民権を問われない時は、多くの中国系日本人（華僑）や朝鮮系日本人（在日）の人たちと同じように日本人として「パス」してきた。明らかに私は、「日本人」とよばれるものから、それらのアイデンティティが排除されていることの意味をまったく理解していなかった。

私は大学進学のためにアメリカ留学を選んだ。在留外国人である私が、まともな仕事に就くために必要な道である日本の良い大学に入るのは難しいだろうと考えた父の決断だった。それは、アメリカで勉強するという彼自身の果たせていない夢を部分的に実現することでもあった。私が南京大虐殺や「慰安婦」問題など、帝国日本に関連する問題について学び始めたのは、太平洋を跨いだ向こう側からであり、そして第二次世界大戦中の日系アメリカ人の強制収容を知ってショックを受けた。上記のような記憶を、東アジアにおける冷戦構造、すなわち戦後日本が経済発展を優先させ、台湾や韓国の権威主義体制のもとでアメリカとその同盟国の堅固な反共主義を強化する分業体制、という大きな文脈の中に位置づけることができるようになったのは、もっと後になってからのことである。日本から遠く離れたことで、自分の生い立ちや、私の家族が中国本土から台湾、そして日本やアメリカへと旅してきたことの歴史的文脈を振り返るために必要な時間ができたように思う。私の話をしているのは、あなたと簡単な指摘を共有するためだ。ある政治意識は必ずしもアイデンティティに由来するものではなく、それは学んだり学び直したりする何かである。つまり、政治とは教育的なものであり、闘争の場であり、スチュアート・ホールの言葉を借りれば「保証のないもの」である。

私の日本の帝国主義と植民地主義、そして帝国研究への学術的興味は、ウォルター・ミニョロらがグローバルな人種資本主義の近代性／植民地性と呼んだものの系譜を明らかにしたいという欲求からだけではなく、テッサ・モーリス＝スズキの言葉を借りれば、過去はまだ私たちの中にあり、現在の解釈を悩ませ続けているという理解からである。ハーバード大学法学部のＪ・マーク・ラムザイヤー教授が、「慰安婦」は自ら進んで年季契約を結んだ「売春婦」であると述べたことが最近の論争の的となっているが、これは歴史的な意味が継続的に構築され、争われていることを示す一例である。

この『反日』という本は、「日本」に対する命題でもなければ、「日本」を邪魔者から守るためのものでもない。東アジアにおける帝国日本の記憶に対する感情、感覚、その他の情動的態度の分析である。私の主な主張は、帝国日本の脱植民地化の失敗と近年のグローバル資本主義下での中国の台頭が、東アジア地域における反日・親日主義の高まりに寄与したということである。私がいわゆる大衆文化に注目したのは、それが公式の言説とは異なり、集団的な不安、欲望、空想が投影され、想像され、演じられる場所を構成していることに由来する。ナショナリズムの感情が噴出する権威主義的な体制への世界的な転回は、グローバル資本主義による絶え間ない剔出と評価によって引き起こされた、継続的な収奪と転位の結果だと言えるだろう。「家族」「国家」、そして「原初的共同体」、こうした古い頼みの綱が、自分たちがコントロールできない大きな力のなかで、個々の存在を意味あるものにしようともがく人たちにとっての精神的な拠り所となっている。歴史的な記憶や激しい感情は、しばしば争いが宣伝され、交渉され、抵抗され、止揚される舞台となる。

最後に、監訳者の倉橋耕平が思い出させてくれたように、日本で「反日」というレッテルを貼られるのは〔この本で紹介したのとは〕異なった含意があり、主に愛国心がない「非国民」と非難され、想像の共同体から追放されたり、疎外感を味わうことがしばしばある。人びとが正義と平等のために日々闘っている中で取るリスクや直面する課題は、アメリカの私立大学で働く私の特権的で隔離された状況とはかけ離れている。この本であなたたちと連帯し、同志となれることを願うばかりである。

二〇二一年三月一九日

レオ・チン

反日——東アジアにおける感情の政治　目次

反日——東アジアの感情の政治

タンへ

まえがき

二〇一七年八月、第二次世界大戦時の日本の軍服を着た四人の中国人男性が、上海の四行倉庫でポーズをとった。そこは、中国軍が一九三七年に日本帝国軍と戦った場所であった。二〇一八年二月には、日本の軍服をまとった別の男性二人が、おなじく一九三七年に日本軍によって中国人民が殺された南京市の紫金山の記念碑の前で様々なポーズをとっている。その画像は口コミで拡がり、予想通りネットユーザーから強い反発を受け、主流メディアと新興メディアのいずれにおいてもこの若者たちへ批判が殺到した。その騒ぎは、紫金山の件を例として引き合いに出して、「侵略行為や戦争を賞賛する」人びとを罰するために中国最高の立法府が「英雄烈士保護法」を提案するにまで拡大した。中国の外務大臣である王毅さえも、彼らを「中国人民のくず」と呼んで論争に加わった（Huang 2018）。私が推察するところ、ネットユーザーと政治家を狼狽させているのは、男性たちが日本兵のような装いをしたことだけではなく、彼らが戦後の反日主義の基礎を形成した日本の侵略と中国の抵抗の記念碑の前で、故意にポーズをとったことにある。

　これらの出来事による騒ぎはネット空間における新たな造語を作りだした。精神日本人《ジンシエンリーベンレン》の略語である「精日《ジンリー》」とは、文字通り「精神的に日本人」という意味であり、日本（人）と精神的に同一化する中国の人びとを指す造語である。この語の前提にあるのは、これらの心得違いをしている若者の心性は、日本によって汚染されたものであり、さらに重要なこととしては、彼らは日中の歴史について正しい理解を欠いているのだという認識である。この用語は中国のウェブサイトで広く議論され、特に「日雑《リーザー》」〔親日家をくだらない者として罵る言葉〕、すなわち「日本化された雑種 Japanized mongrel」といった語とも関係がある。多くの人にとって、この二つのフレーズの違いは日本との親密度の違いを表すもので、後者は前者よりも過激か極端な表現だ。これらの出来事がメディア報道やネットの議論において目立っているのも当然である。なぜならこれらの出来事は国恥と歴史忘却の罪という標準的な民族主義的言説のやり方であるからだ。二〇年にわたる国家主導の愛国教育と数え切れないほどの反日テレビドラマでさえ、中国社会における精日や日雑といった要素の出現をここまで予期することはできなかっただろう。

　本書では、上記の行為とそれに続く造語の出現は、近代／植民地時代の日本のヘゲモニーが中国の台頭によって置き換わるという地政学的な変化を表していると論じる。中国がグローバル資本主義へと完全に編入されたことと、公式の検閲や禁止にもかかわらず日本の大衆文化の影響力が拡大していることが、帝国変遷の時期 transimperial moment を表している。世界的なヘゲモニーの移り変わりは、常に不均質で、矛盾し、時には暴力的だ。中国は世界第二位の経済大国日本を追い越したが、とりわけ大衆文化分野の文化的影響力では、クール・ジャパンや韓流に大きく遅れをとっている。注目すべきことは、風紀紊乱的な精日たちがアニメ・コンベンションにおいて日本の軍服を着たということである。今日、有名なアニメキャラのコスプレをすることは、世界中のファンダム〔熱心なファンによって作られる文化やコミュニティ〕の主流になっている。ヴァーチャルとリアルの境界線を曖昧にし続け、複数のソーシャル・メディアを通じた承認欲求が蔓延している新しいメディア環境に私たちも目を向けるべきである。事実、上海の四行倉庫の前にいると主張したコスプレイヤーの書いたものとされる微信《ウェイシン》（WeChat）の投稿で、彼は、通行人の目を盗んで夜中にこの場所で写真撮影を成功させた「任務」と「スリル」を詳細に記述している（Cao 2018）。

精日言説の出現は、確かに今日の中国社会における支配的な反日主義を複雑にしている。二〇一七年の春にデューク昆山大学で行なった東アジア大衆文化のセッションで出会った中国人学生の日本（と韓国）の大衆文化に対する精通っぷりと、それを流暢に語るさまに驚かされた。彼らは中国の分厚いファイアウォールを乗り越える方法を見つけるだけでなく、台湾と香港を経由して翻訳されて届いた数多くの日本大衆文化に触れていた。彼らのほとんどは「精神的な」という意味ではなく、日本の諸事情について精通しているという意味で精日である。しかしながら、私が学生たち何人かに「反日抗議運動が起きたらどうするのか」と尋ねたところ、彼らは躊躇せずに「路上を行進するだろう」と述べた。学生たちは、明らかにアイデンティティと消費を切り離している。つまり、日本の商品や文化を消費することは、即座に学生たちが日本人になることを意味するわけではない。日本軍コスプレへの反応と、消費活動と抗議運動の間で採られる学生たちの巧妙な戦略は、今日のナショナリズムの諸限界と妥当性の双方を示している。親日主義と反日主義は、その複雑さ、矛盾、そして特定の歴史的な結びつきにおいて捉えられる必要がある。それゆえ、本書が扱おうとするのは、帝国変遷の時期のこの渾沌である。

私は二〇〇五年の春に反日デモの追跡を始めた。それは主に個人的な理由によるものだった。当時七歳の息子を連れて、中国北東部の瀋陽市郊外にある丹東にある父の墓を訪問することを計画していた。それは私の妻子にとって父の故郷への最初の旅行だった。私が初めてこの地を訪れたのは、一九八八年のことだった。日本で亡くなった父の遺骨を持ち帰るために、母とともにやってきた。当時日本に住んでいて、日本人男性と再婚した母にとっては重要な旅であった。母と私はその後も何度か訪問したが、遠くに住む親戚に孫が会ったことがないことをいつも母は悲しんでいた。だから私たちの計画に母はとても喜び、興奮した。私たちが先に日本に立ち寄り一緒に旅行するのか、それとも中国で会うだけなのかを決める必要があった。

そんななか、四月の反日デモが行われた。

抗議行動がいくつかの都市に広がり、何万人もの人びとが集まるにつれて、不安を抱えた母からの電話が頻繁に鳴るようになった。二〇〇五年四月一七日に瀋陽で大規模なデモが行われたとき、母はあわてふためいて、旅行をとりやめると言った。母は中国旅行が私たちにとって安全だとは考えなかったからだ。私たちが到着するまでに抗議行動がおさまるだろうという確信をもっていたうえ、自分たちは日本人ではないという明らかな事実があるにもかかわらず、母は安心ができなかった。テレビ画面に映る暴力と怒りのイメージは、母にとってあまりにも鮮明で身近なことだったのだ。しかしながら、敗戦による貧困と戦後の経済成長を経験した母の再婚相手（義父）は、明らかにデモに混乱し、狼狽していた。彼は電話で私に信じられないといった口調で尋ねた。「なぜ彼らはまだ私たちを憎むのか？　戦争はとっくに終わっている。今の日本は平和を愛している国だ。なぜ彼らはまだ怒っているのか？」

抗議行動は四月末までに完全に沈静化した。それでも私たちは夏まで旅行を延期した。一見純粋でナイーブな義父の質問が私の脳裏から離れなかった。「なぜ彼らは私たちを憎むのか？」と繰り返された疑問文は、九・一一以後のアメリカ人の意識に鳴り響いているものだった。興味深いことに、反日主義と反米主義は、アイデンティティとその相違の問い、つまり、「われわれ／彼ら」という問いに集約される。ジョージ・W・ブッシュにとって「彼ら」とは自由と民主主義を嫌う者であり、小泉純一郎にとって「彼ら」とは二国間関係を危険にさらすような日本バッシングをする者にほかならない。両首脳にとって、「彼ら」は、「私たち」という確固たるアイデンティティを再統合するための共約不可能な差異にすぎない。欠けているのは、他者が自己の行為を通してどのように構成されているかについての自己再帰性の視点である。政治指導者たちの見通しの甘さと無知にもかかわらず、反日主義と反米主義への感情的反応としての「なぜ彼らは私たちを憎むのか？」という問いは、批判的思考に向けた決定的な出発点になり得る。「なぜ彼らは私たちを憎むのか？」に含意される自己憐憫と無邪気さを取り除くことができれば、私たちは和解の政治に向かって進むことができるはずだ。

すべての人に謝辞を述べることは不可能ですが、この本で提示されたアイデアのいくつかを共有する機会を与えてくれたみなさんに感謝します。彼らのアドバイス、批判、そして支援に感謝します。ナンシー・アーベルマン、ヤン・ハイロン、ロバート・ティアニー、井上雅道、ダグラス・シューメイカー、史書美、カッツ・エンドウ、コーディ・ポールトン、リチャード・キング、故アリフ・ダーリク、陳光興、蔡明發、冨山一郎、駒込武、板垣竜太、キム・ソヨン、ファン・マイヤー、廖炳惠、マイケル・ボーダッシュ、荘雅仲、マリアム・B・ラム、チョ・ヨンハン、ジョン・トリート、リラ・クルニア、イ・ヒュンジュン、マイケル・ベリー、ロブ・ウィルソンそして多くの人びとに感謝します。私の思考と執筆を明確にするのを助けてくれたレイノルド・スミス、揺るぎない支援と指導をしてくれたケン・ウィソカーに感謝します。そして、二人の匿名読者の重要な関与と忍耐に感謝します。

序章　東アジアの反日主義（と親日主義）

一九九七年の香港返還が迫った時期の風刺映画『最後の総督のボディーガード』〔Bodyguards of the Last Governor〔港督最後一個保鑣〕、アルフレッド・チョン監督〕は夜の抗議集会シーンから始まる。車列を組み、家族と外出中のイギリス総督は、騒動の音に驚かされる。カメラは、香港の政治家による演説を座って聞く抗議者を横切ってパンする。そこでは「打倒日本軍国主義！」「釣魚島は中国人のものだ」という横断幕が揺れ、そして「日本製品をボイコット！」「打倒日本帝国主義！」といった政治的なコールが繰り返されている。群衆は分別はあるものの熱狂的に描かれている。そのなかにいたのが、餞別のネタとしてイギリスが任命した最後の香港総督のボディーガードとなったルーゴ〔陸葛〕だ。彼もまた、喧騒のなか、一九九〇年代の香港で人気だった木村拓哉や宮沢りえといった日本のタレントの名前を叫び、彼の横に座っている妻は満足そうに微笑んでいる。そのあとカメラは舞台裏にいる政治家を映す。女性の側近が政治家の側に来て、「疲れているに違いない」

と言って、この政治家が好んで食べる巻き寿司を、「滋養のために」と差し出す。政治家は舞台に戻り、日本製の衣類を捨てるように群衆に促す。人びとが靴下や靴などを放り投げると、ルーゴの妻は、香港にある日本デパート「そごう」でルーゴのシャツを買ったことを彼に思い出させる。彼は急いでシャツを脱いで嬉しそうにそれを投げ捨てる。興奮に満ちたなか、抗議する女性の胸元を凝視しつつ、ルーゴは頃合いを見計って「日本の下着をつけている人は、そいつを捨てろ！」と叫ぶ。ルーゴの熱っぽさにいくぶん戸惑いながらも、妻は彼に「私も脱いだ方がいいかしら」と小さな声で尋ねた。ルーゴは他者の好奇の目から守るように彼女の周りをうろついて、おどおどしながら「そ、その必要はない」と言ったのだった。

『最後の総督のボディーガード』は、政治的風刺はもちろん、地元ネタ、内輪ネタ満載の香港映画だ。しかし、上記の日本への抗議集会のシーンは、戦後の東アジアにおける「日本」の二元性を鋭く映し出している。すなわち、かつての軍事暴力の象徴としての日本と、戦後の経済的・文化的欲望の象徴としての日本の二元性である。映画のなかの軍国主義や領土紛争中の島々への言及は、日本の帝国主義者のせいで中国の人びとが被った未解決の歴史的トラウマを示している。また、日本製品のボイコットを叫ぶ声は、戦後日本の経済的・文化的な拡大主義を意味している。さらに、反日の横断幕の波は、抗議者（と映画の観客）に、日本の戦前の政治的帝国主義と戦後の新しい帝国主義が一本の線で繫がっていることを感じさせる。しかしながら、冒頭の抗議集会を描いたシーンは、上記のような安直でナショナリスティックな反帝国主義的読解をこそ拒む。というのも、映画に登場しない日本の商品はもちろんのこと、寿司や日本製の下着への言及は、抗議者たちが日本に激しく抗議するときでさえ、（他のグローバル化勢力と同様に）香港人たちの生活や身体に日本文化が深く浸透していることを強調しているためである。

映画の日本に対する抗議集会のシーンにおける政治的要求と文化受容の分離は、戦後のアジアにおける反日主義を決定的な形で可視化している。つまり、戦後アジアの反日主義とは、単純な定義に反して、「日本」に対する態度であると同時に、「日本」についての態度ではない、という矛盾を内包している。この抗議は、「香港」における反日主義が観念上の日本についてのある種の欲望と幻想を呼び起こしてはいるものの、「日本」の実像については私たちにはあまり教えてくれない。最も素朴な理解では、反日主義とは日本帝国主義の遺産への批判であり、誠実な謝罪と適切な補償で責任を認めたり、また過去と向き合ったりするのは消極的であるとして批判するものである。ただし、反日主義が日本を嘲笑の対象として冷やかしたり寓話化するとき、香港、韓国、中国などの国内情勢が色濃く映し出されてしまう。結局のところ、この映画は一九九七年の香港返還への不安を風刺的に置き換えたわけであり、抗議シーンは香港人たちの政治への関与の気まぐれさを嘲笑しているものと解釈することができる。しかし、私たちはこうも問わなければならない。なぜポストコロニアル東アジアの社会不安や政治的懸念は、反日主義の形をとるのか？　すでに述べたように、東アジアの反日主義は、帝国日本が残した未解決な歴史的トラウマ症状としてある。端的にいえば、それは脱植民地化の失敗とも言える。そして、他方でこの地域の地政学的構成の変化にともなうグローバル資本主義の要求と緊張の現われでもある。日本の明治時代以降の一方的な東アジア支配は、とりわけ中国の台頭を背景に、他の東アジア諸国との多国間での利害衝突的な関係を導いてしまったのだ。

東アジアの反日主義

デューク大学で本の発禁処分について行われた講演にて、著名な作家である閻連科は、現代中国の検閲の不条理さについてユーモラスな発言をした。閻によれば、中国近代史では諸外国との対立が多すぎるにもかかわらず——すぐに思いつくのはイギリスだが、ロシアとアメリカも——そのような対立の一つである第二次抗日戦争（一九三七 - 四五）についてだけは書くことを許され、そして推奨さえされる。とりわけ、それは国慶節（国家記念日）の付近で中国メディアによって公的に生産・消費される。これらの反日番組はあまりにも流行しているので、閻と友人は、中国の映画やテレビドラマで一年間に殺された日本人登場人物は日本の全人口（一億二七〇〇万人）に達するだろう！　としばしば冗談を言いあったという。しかし、閻は日本人の死傷者数を明らかに過小評価している。二〇一二年に中国のすべての衛星チャンネルのプライムタイムで放送された二〇〇本のテレビドラマのうち、七〇本は抗日戦争ものかスパイ戦争ものであった。浙江省にあるアジア最大の映画スタジオ横店影視城（Hengdian World Studio）では、その年だけで七億人の「日本人兵士」が中国の愛国者の手によって殺されたと推定されているのだ。(1)

反日主義は、新しいものでも東アジアに限ったものでもない。例えばアメリカでは、反日運動の長い歴史がある。一九〇〇年代初頭の移民排斥法、日系アメリカ人の収容所、第二次世界大戦中の反日動員、そして一九八〇年代のジャパン・バッシングがそれである。アメリカのすべての反日主義に間違いなく共通しているのは、人種差別を通して顕現した「他者」への恐怖である。それは（日露戦争後の）競合する帝国主義的勢力としての日本、また（プラザ合意後の）経済的ライバルとしての日本という脅威に対してである。米国にとって、そしておそらくヨーロッパにとっても、非白人で、非西洋である日本のリアルな台頭によって「西洋」の覇権が脅かされたときに、反日主義は起こった。政治的緊張が高まるなかでアジア内の人種差別も亢進しているとはいえ、東アジアにおける反日主義の起こりは、アメリカのそれとは異なる解釈と歴史化を必要としている。

まず、私たちは反日主義の形態を少なくとも二つに分ける必要があるだろう。東アジアの「抗日 resist-Japan」と「反日 anti-Japan」である。「抗日」は中国大陸や中国語圏で、特に「抗日戦争」（一九三七－四五）の八年間に、日本の帝国主義に対する中国の闘争の努力と成功を伝えるために広く使われている言葉である。「反日主義」は、戦後数年の間に出現した明らかに戦後的な現象であ

(1) この情報は、二〇一三年に Offbeat China が公開した記事（http://offbeatchina.com/700-million-japanese-soldiers-died-in-china-in-2012）から取得。現在は利用不可能だが、記事のアーカイブは、サイトの元になった Facebook ページ（https://www.facebook.com/hotpotdaily/posts/414540271964283）で引き続き閲覧することができる。

るといえる。反日主義は、「国家」を統一する政治的権力の構築のために、朝鮮や台湾のような新たに「解放された」元植民地で動員された考えだ。[2]ただし、反日主義は、朝鮮戦争の休戦と東アジアにおける冷戦構造が強化されると、両国において反共産主義と戒厳令発出に取って代わられた。一九七〇年代初頭、日本の東南アジアへの経済拡大主義と一九七二年の琉球／沖縄の復帰の一環として尖閣諸島／釣魚島を日本へ「復帰」させるというアメリカの決定に付随して、反日運動が東アジア地域で噴出した。例えば、一九七四年のマウリ事件と尖閣諸島／釣魚島抗議運動がそれである。[3]一九七〇年代の反日主義は、アメリカ国内の香港や台湾出身の学生たちといったディアスポラ的存在の主導による海を跨いだ運動だった（Wang 2013）。そのなかで反日主義は、ブルース・リーを映画の象徴的なアイコンとする中国の文化ナショナリズムの形態をとった（第1章参照）。皮肉なことに、中国大陸の反日運動は、戦後の第一波ではなかった。なぜなら、ブルース・リーの映画は一九八〇年代まで中国大陸で禁止されていたのだから。一九七二年に日中国交正常化のもと、共産党政府は日本との二国間関係の構築を主張していた。この時期、すなわち一九七〇年代初頭には、日本は六〇年安保運動と戦後平和運動が消滅したことでかつての帝国主義の威信を回復し、アジア地域の反対を受けることなく資本主義市場への再参入を果たしている。それゆえに、一九七四年にジョン・ハリディとガヴァン・マコーマック『日本の衝撃――甦える帝国主義と経済侵略』が書かれたのは偶然ではない。同書は、低価格帯製品の生産設備をアジアの途上国へと移したことに着目することで、日本資本がかつての帝国へと「回帰」していることを示唆している。

一九八〇年代初頭には経済的に潤った日本が、帝国主義的な攻撃色を薄めて歴史教科書を修正しようとしていることが明るみに出て、反日主義は勢いを増す。一九九一年八月、元「慰安婦」の金学順（キム・ハクスン）が、第二次世界大戦中の日本軍の性奴隷にされた経験を証言し、同年一二月

（2）　戦後の韓国における反日主義に関する議論については、Cheong（1991）を参照。

（3）　一九七四年一月一五日、田中角栄首相が、東南アジアへの一一日間の「親善」訪問の五カ国目の最後の目的地に上陸したとき、インドネシアの無秩序に広がる首都ジャカルタで反日抗議暴動が起こった。あたりをうろつく約一〇万人が手の届く範囲内すべての日本の自動車を燃やし始め、とりわけ華僑によって日本製品を販売していた店や企業を破壊し、火を放ち、暴力は急速に発展した。アストラ・トヨタの代理店では、新車の全在庫が炎上し、燃料タンクがときどきドンと爆発した。パサール・セネン・ショッピングセンターでは、数千人の暴徒が中国人オーナーの店や屋台に対し、略奪や火災を起こし、二日間の暴動で、被害者一〇人のうち七人が殺害された。日本航空が運営するプレジデンシャルホテルは暴徒たちの標的とされ、治安部隊が暴徒の波を投げ返している様子を、明らかに狼狽した日本人客は窓からもどかしげに見ていた。抗議と暴動は非常に暴力的で広範囲に及んだため、田中は何百人もの部隊と装甲車に守られた大統領官邸内のオランダ植民地時代のゲストハウスの事実上の囚人になった。アジアにおけるほとんどの戦後のポストコロニアルな反日主義と同様に、抗議とその後の暴力は、インドネシア社会の矛盾の兆候であり、日本へのものではない。爆発した反日主義の感情の中には、政府官僚の腐敗と金持ちの将軍の派手なライフスタイルに対する怒りがあった。学生たちは華人居住者による特権に憤り、また石油から得られる国の新しい財産が、インドネシア大衆の生活を改善していないことに怒っていた。要するに、田中の訪問は、継続的な政治的権威主義と経済的権利剝奪の下で、インドネシアの人びとの抑圧された欲望と怒りを、象徴的な領域の表面へ浮上させた。

に日本政府に対して訴訟を起こした。彼女の「カミングアウト」は、戦後の日韓両政府の男性中心主義、家父長制、そしてナショナリズムによる抑圧と性暴力の否定にたいする根源的な挑戦であった。日本政府が逃げ回って否定し続けているなかで、元「慰安婦」とその支持者による毎週水曜日の抗議運動が、今日までソウルの日本大使館の前で行われている。

強い反日感情を引き起こすもう一つの論争的な問題は、南京大虐殺に関する記憶と論争である。残虐行為は周知の事実ではあったが、戦後中国、日本、およびアメリカの政府によって戦略的に隠蔽された。この歴史的な出来事については、日本のジャーナリスト本多勝一による『中国の旅』(1972)、そして、中国系アメリカ人作家のアイリス・チャンによる『ザ・レイプ・オブ・南京』(1997)が出版されていた。しかし、これらが政治的に取り扱われたのは、二〇〇〇年代に日本の新保守主義者による歴史の否定と、中国による自国の被害意識の強調がなされてからである(Yoshida 2006)。

二〇〇五年、日本に対する大規模な抗議行動が中国の主要都市で発生した。抗議者たちは、その怒りの理由として、国連安保理常任理事国参加という日本政府の野望と、日本の戦没者(と帝国日本の臣民)を祀った靖国神社への小泉純一郎元首相の継続的な参拝が、日本の侵略の歴史への悔恨と反省の欠如であると言及した。その後、日中間の緊張関係は絶えず続いている。まさに、二〇一二年のさらに暴力的な抗議運動や、東アジアから東南アジアに及ぶ領土問題などで覇権を確立しようとする中国の野望に見られるように。一九七〇年代以降の反日主義を考えるとき、とりあえず重要な説明方法は、その歴史的条件の可能性と、出現、噴出、衰退のパターンのなかに位置付けて考えるというものだろう。また大衆的に現れる反日主義と国家の反日主義は相互に絡み合っているがゆえに、完全に分離して理解することは困難だが、それらを区別することも重要である。「慰安婦」の救済と補償の要求は、長年の否定と恥辱に基づく反日主義である。それは、韓国政府の政治的利益のために自ら抑制したり、道具的に利用する反日主義とは質的に異なる。とはいえ、韓国政府は日本との政争のために「慰安婦」の窮状を持ち出すことについてはためらわない。同様に「慰安婦」女性たちと支援者たちは、しばしば日本国家との政治対決のためにナショナリズム言説に頼ってもいる。

先に言及したように、肯定的・否定的な対日感情を記述するために用いられる様々な表現を区別しておくことは重要である。これらの語彙の範囲は、アジアの対日感情を欧米と区別するだけではなく、アジアにおける「日本」のニュアンスが帝国からクール・ジャパンへと変化していることをも示している。例えば、（前述の）「抗日」と「反日」のほかに、「仇日 hate Japan」という語彙がある。この言葉は、病的な日本憎悪や、宿敵のような究極の敵対状況を記述するために用いられる。それから、「排日 repel Japan」のようなものもある。この言葉は、主に日本人移民の法的排除の文脈で使われる。反日主義における構成的な「他者」として、親日主義や日本を好む感情がある。この一見相反する取り合わせは、相互依存し、実際のところ「日本」の観念について互いに似たような幻想や欲望を共有している。「親日 Pro-Japan」は、日本と親密であるという意味を持つと同時に、反日主義のナショナリストが日本統治に協働した者や売国奴を非難するときに使うのが一般的だ。

「親日」は特にポストコロニアル状況下の韓国では敏感な言葉であり、犯罪的な響きがある。韓国では、親日派《チニルパ》、つまり日本統治に協力した派閥が今日も起訴されているのである（Kwon 2015）。また、中国では、日本の帝国主義者と共謀した人びとは、「漢奸《ハンジエン》〔漢民族の裏切り者〕betrayer of the Han race」または「走狗《ゾウゴウ》 running dogs」と呼ぶことで、中華民族を際立たせ、教唆者を人間以下の地位に引き下げる。「崇日《チョンリー》 worship Japan」は、日本に対する敬意の感情を抱いている親日派をしめしており、一般的に中国大陸よりも日本を好む台湾人を軽蔑的に言及する言葉である。近年、「哈日《ハーリー》 loving Japan」と「萌日《モンリー》 deep affection for Japan」の二語は、台湾と中国大陸における若い世代の日本大衆文化への嗜好と中毒っぷりを特徴づけるために使われる。新世代の日本大衆文化への心酔が意味するところは、日本の大衆文化がグローバル資本主義のなかでアメリカのポップカルチャーとは別の消費のオプションを提供していることだけではなく、アジアの若者たちの共時性が拡大しているということである。それは、日本の植民地主義と帝国主義時代を経験した前世代のナショナリズムを超越する潜在能力を持ったトランスナショナルなファンダムの創造を意味する。

反日主義とアメリカ主義

映画『最後の総督のボディーガード』による暴力と欲望の象徴としての「日本」のパロディ集は、吉見俊哉による戦後の日本とアジアにおける「アメリカ」の存在をめぐる議論とよく似ている（Yoshimi and Buist 2003）。吉見は、人びとの日常的な意識の観点と、（主に日本に焦点を合わせた）地域全体の文脈から「アメリカ」を分析しながら、アジアの戦後地政学に関する二つの重要な観察を行なった。第一に、アメリカは冷戦期にアジアにおける帝国日本を追放し、それに取って代わり、そして帝国日本を包摂した。アメリカの占領軍と政策立案者は、日本の保守政権と協力して日本をアジアの「経済的」な中心軸にすることで、徹底した非武装化と民主化という当初の計画を覆した。第二に、反共産主義ブロックの構築計画のなかで環太平洋同盟の経済的な要石として日本を復興させるという地政学的な算段は、アジア諸国の間に分業体制を作り出した。沖縄、台湾、韓国、フィリピンは、アメリカの軍事機能と軍事施設の負担を負うこととなった。そのおかげで、日本本土は経済発展に集中できたわけである。吉見によれば、結果として、二つの「アメリカ」が一九五〇年代末に日本本土に現れることとなった。主に軍事施設を取り巻く「暴力のアメリカ」、そして中流階級のライフスタイルと消費モデルである「欲望のアメリカ」がそれである（Yoshimi and Buist 2003：439）。戦後のアジアと日本にとって、「アメリカ」とは触れてはならないけれども、誘惑してくるものであり、そして断片的にしか得られないものであったと吉見はいう。それゆえ、反米主義と親米主義は、二項対立ではなく、絡み合い、相互に依存し、複雑で、時には矛盾した仕方で交差しているものである。

アメリカと日本の「抱擁」は、アメリカが帝国日本の唯一の相続者であることを確かなものとした。アメリカの戦後覇権とは、終戦まで存在していた帝国日本の再建を意味する。帝国日本による秩序は、戦中から戦後にかけてアメリカの監視の下で変容した。そのことは、アメリカの暴力を免罪しただけでなく、アジアにおける日本の帝国主義と植民地主義も複雑化した。ジャック・デリダ（2001）が言うところの「条件付きの赦し」は、広島平和都市記念碑（原爆死没者慰霊碑）に書かれた碑文「安らかに眠ってください　過ちは繰り返しませぬから」に端的に象徴されている。小田実らが論じているように、日本語における主語の曖昧さは、「過ち」の責任の所在を明確にしない（Tanaka 2007）。もし碑文の主語が日本人ならば、日本人は関与していない犯罪に謝罪させられていることになる。と同時に、アメリカの原爆投下の罪を免罪することにもなる。アジアにおける帝国日本にとってより象徴的なのは、平和記念資料館と平和記念公園の建築が、一九四二年に大東亜建設記念営造計画をデザインした丹下健三に委託されたことだ。このプロジェクトは、西洋に対抗する帝国主義的構想である悪名高き大東亜共栄圏のコンセプトを継承することになっていた。平和記念公園の様式の起源は、大東亜建設記念営造計画とほぼ同じ図面にまでさかのぼることができる（Starrs 2001：173）。戦中と戦後の連続性と変容は、長崎平和公園の建設にもはっきり表れている。長崎平和祈念像、または巨大な男性像である平和像は、地元の彫刻家北村西望に委託され、一九五五年に完成した。北村は、アジア太平洋戦争中に帝国芸術院の会員だった。彼の作った軍人の彫像は、すべてが筋肉質で、大きく、戦闘的だった。たとえば、一九一〇年に朝鮮半島併合に貢献した寺内正毅像がまさにそれである。平和の像の建立に北村が抜擢されたことは、北村のキャリアの復活だけではなく、（現在は平和主義の象徴にすり替えられた）マッチョな軍人像にみられる彼の主張の復活をも象徴している。北村の戦時中の作品の多くは、取り壊されたり、撤去されたり、あるいは戦後の平和主義を表現する「女性的」な像によって置き換えられたりしていた（Otsuki 2016：409）。ここからは、長崎平和祈念像が、戦後日本における男らしさを、戦争や軍事主義ではなく、平和や民主主義の象徴として回復させたものであると読解することができるのである。

帝国主義から準帝国主義への移行は、帝国主義と戦時軍国主義の継続ではなく、戦後平和主義と民主主義への再構成を意味する。つまり、敗戦は、脱植民地化（あるいは陳光興の用法で言うところの脱帝国化［Chen 2010］）と、ポストコロニアル時代の再帰性 postcolonial reflexivity の可能性に置き換った。かつての脱植民地化の過程とは、帝国日本が行ったアジア解放とそれによるアジアの植民地化のことであったが、戦後冷戦下のアメリカ覇権と日本の脱帝国化の失敗という文脈のなかでしか考えられないものとなった。フランスやイギリスのように独立のための暴力的な闘争をともなった脱植民地化とは異なり、日本の脱植民地化とは帝国日本の終焉すなわち敗戦の結果としてもたらされたものであり、それは冷戦によって引き継がれることになった。日本では、民主主義と非武装化が脱帝国化の過程を乗っ取ったと言うことができるのならば、旧植民地では、戦後の和解と国家主義の回復が、根源的な政治的・文化的な過程としての脱植民地化に取って代わったと言うこともできるだろう。日本の脱帝国化と旧帝国日本の脱植民地化の欠如が、一九七〇年代初頭に芽吹き始めて今日まで成長し続けているアジアの反日主義の種をまいた。ゆえに、陳光興は、冷戦の影響が棚上げされたり、読み解きにくくなっているなかで、東アジアとそれを超えて（元植民者にとっての）脱帝国化、（元被植民者にとっての）脱植民地化と、（みんなにとっての）脱冷戦の同時プロセスを呼びかけているのである（Chen: 2010）。

アジアの反日主義と日本の反米主義

反日主義は、その帰結を民族ナショナリズムに見出す。その際、反日主義は、ナショナリティックな感情を扇動し、「われわれ／彼ら」の二項対立言説を用いる。このことは日本の国内外問わず効果的である。日本の反米主義と同じように、新保守主義者にとってのアジアの反日主義は、ナショナリズムと文化的な独我論と密接に関連している。日本の新保守主義者にとって、反米主義と反日主義は、一九四五年以降の「長い戦後」と呼ばれるものを発足させた強制的な属国化によって、いかに現在の日本の地位が歪められたのかという論点に収斂する。結果として、新保守主義者はアメリカ主義とアジアの反日主義に対抗するために「ジャパニズム」を再生しようとしている。『嫌韓流』（2005）の著者山野車輪は、反日主義を「病気〔火病（ファビョン）〕」だとしている。またジャーナリストの西村幸祐は、反日主義を噴火している「マグマ」と考えている。西村は『「反日」の超克』（2006）で、日本人が「反日主義」を克服するためには、日本と日本人のアイデンティティを探求することから始めなければならないと主張している（Nishimura 2006 : 17）。西村によれば、その探求は歴史、文化、伝統を時間軸に沿って「垂直に」捉えることによってなされるものである。日本人が「垂直の歴史観」を持てない理由は、敗戦によるものであり、「〈過去〉を悪と断罪する歴史観に私たちは支配されてきた」と彼は主張する（Nishimura 2006 : 18）。この分断された史観の元凶は、アメリカの占領と、連合国の軍最高司令官総司令部からの敗北を受け入れ、政策を実施した日本人である。六年と八ヶ月に及ぶ占領は、戦前戦後世代の歴史的連続性を断ち切る「歴史の空白」を生み出した。西村は、日本の「主権」の復権を強調する。彼はジョン・ダワーとハーバート・ビックスの本を日本に対するGHQによる占領政策（情報統制・情報操作）の延長として引用している(Nishimura 2006：20)(4)。

西村は、日本の「非垂直的な」歴史意識の原因がアメリカの占領軍にあると述べた後、アジアと反日主義に目を向ける。彼は中国人と韓国人が日本の教科書改訂に抗議した一九八二年に反日主義の「原型（プロトタイプ）」を見出す。彼は日本を批判する際に、日本の左翼とメディアがアジアのナショナリストと共謀して、この時に「反日の構造」が出来上がったと見ている(Nishimura 2006：25)。西村が「原型」という言葉を反日主義とともに使用し、一九八〇年代初頭にのみその出現を見つけたことは注目に値する。すでに見てきたように、戦後の東アジアにおける反日主義の出現は、早くは一九四八年、そして一九七〇年代初頭には確実に見出すことができる。西村自身が非難する「日本人が陥っている」歴史の健忘症は、彼にも発症したようだ。西村は、反日主義が天皇や皇室と直結している日本人のアイデンティティを危険にさらしているという(Nishimura 2006：26)。大東亜戦争と南京事件（西村の言葉）に加えて、西村は、皇室批判を中国人と日本の左翼による日本の

（4） Dower (2000); Bix (2001).

「記憶」を破壊するための試みの一つに挙げている。西村をはじめとする新保守主義者にとって、反日主義は、歴史、文化、帝国システムから日本を切り離すアメリカ主義の延長線上にあると言っても過言ではない。新保守主義者は、近隣アジア諸国の怒りとしてある反日主義を反省的に受け入れることなどしない。その代わりに、日本を「自虐史観」から解放された「普通の国」として再建したい欲望を再び燃やすだけである。この点で、反日主義は、保守派の積年の反米主義を表明するための口実と好機になる。すなわち、反日主義と反米主義は、ジャパニズムを再構成するかたちで融合するのだ。

反日主義、反米主義、そしてポスト東アジア

二〇〇五年、中国の反日デモにより、多くの日本人が、米国の九・一一直後と似たような質問をするようになった。「なぜ彼らは私たちを憎むのか?」この問いそれ自体は、とても無垢なものだ。だが、それは見せかけの否定のレトリックとして、無邪気さを装っているにすぎない。この問いは浮遊するシニフィアンのように機能する。それによって、政治的信念や世界観に応じて、相異なり競合する答えや考え方が、設定され、議論され、再定義され、関連づけられる。さらに、この問いには同じ俎上で論じられるはずのない「われわれ/彼ら」という関係性、また傲慢な自己定義による外国に対する(誤った)思い込みが含まれている。

二〇〇五年春の抗議デモの印象は、二つの意味で日本の大衆に衝撃を与えた。一つ目は、日本と

日本人が他者に軽蔑されているということへの素朴な不信感である。日本の侵略と戦争責任の問題は、すぐに実感が湧かない。むしろ、日本人には、中国人が別の時代に属しているかのような時代錯誤に映っただろう。二つ目に、人びとは、ニュースに見られる中国の現代的な都市空間と急速な発展に当惑した。それは、後進的で未開発という従来の中国イメージからはまったく考えもしなかったことだ。要するに、見ているものと信じているもののあいだに、ギャップがあったのだ。中国思想史学者の溝口雄三（2005）が指摘したように、実際に存在する中国と中国観の間のギャップは、日本がグローバル・サウスの経験を共有していないという歴史的事実を示している。そして、日本の近代／植民地時代の自己規定に不可欠であったアジアの概念化が完全に時代遅れであることを示している。溝口は、近代を一八五〇年から一九五〇年までの前半期と、一九五〇年から二〇五〇年までの後半期という二つの時代を分けている。この時代区分には問題があるかもしれないが、溝口の指摘は、日本によるアジアの概念化は近代前半に留まったままだが、現実のアジアは近代後半に向かっているというものだ。つまり、反日主義によって、近代日本の思想がアジアについていかに理解していないかが示されている。急速に変化する世界的な情勢をみても、日本のアイデンティティを可能にした西洋対アジアという近代／植民地時代の枠組みは、もはや失効している。と同時に、東アジアの左翼にとって、反日主義はアメリカ主義の問いを再燃させる。この問題について、陳光興、孫歌、ペク・ヨンソ（2006）などの学者にとって、「ポスト東アジア」世界は、アメリカの軍事的存在の終焉を前提とした時に初めて可能になると考えている。先に見たように、東アジアの概念化はそれ自体が冷戦期のアメリカによって発明されたものだから、アジアの人びとの間の協働、または陳が「方法としてのアジア」と呼ぶもののために、この地域の脱アメリカ化が必要である。もし近代／植民地時代の東アジアが、主として日本の帝国主義とアメリカの新植民地主義を通して構成されているならば、反日主義と反米主義を結びつけることが、日本とアメリカの想像の範囲を超えて、東アジア地域の根本的な再定義と再概念化〔＝ポスト東アジア〕を可能にするかもしれない。

反日主義（と親日主義）の形態

反日主義とは、特徴的だが相互に関係する少なくとも四つの構成要素でできている。（1）日本、より正確には日本の「観念」について互いに牽制する主張や語り、（2）パフォーマティブな行為と表象、（3）感情 emotions と情緒 sentiments、（4）政治的、経済的、社会的危機にたいする一時的な対応、の四つがそれである。

第一に、反日主義は、日本に対する観念、特徴、態度の一つの誇張したバージョンである。それは、他の諸文化や国にたいするものとは厳密に異なるものである。「日本鬼子」から「エコノミック・アニマル」にいたるまで、日本のネガティブなイメージは、まず国家の主権と尊厳を侵害するものとして呼び出される。それらは、帝国主義の過去と向き合うことを拒否する日本の態度から、自国市場に対する日本の経済的影響にまで及ぶ。親日感情もまた好意的な表現とはいえ、日本を大袈裟に表現している点でこれらと瓜二つである。これらの誇張表現は虚偽またはでっちあげなのではない。真実のある部分を拡張したものである。[5]

第二に、反日主義は、集団的な水準で機能し、本質的に社会的である。反日主義は、公共的なデモ行為のなかでスローガン、ポスター、チラシとともに表現されることが多い。それらは、韓国の水曜デモや、二〇〇五年と二〇一二年の中国の主要都市における反日デモのように、数百から数千といった数にまで及ぶ。重要なことは、それらが示威行為であることだ。それらは特定の反日イメージを可視化することで、広く共有され、再現可能なものとなる。

第三に、反日主義（と親日主義）は、情緒なしにそれ自体を実体化することはできない。あるいは、むしろ、情緒が反日主義を持続可能にし、集団的なカタルシスを作り出していると言える。これらの感覚（経験的なもの）、感情（社会的なもの）、情動（無意識的および身体的なもの）のすべてが反日主義の具現化を可能にする。しかし、これらの情緒は、多様であり、不安定である。なぜなら、それらは、個人的な歴史、集合的な記憶、抗議環境の偶有性に強く依存しているためである。

最後に、反日主義は、日本それ自体についてというよりも、抗議する側の社会の不安と欲望をより反映する。結局のところ、それは政治的・経済的動乱によって引き起こされた社会的不安の排除

（5）ここで重要なのは、日本人のこれらの「ステレオタイプ」を、単に「ネガティブ」または「還元的」として理解すべきではないということである。これらのイメージは、最終的に社会的現実を作り出す。Chow（2002）の第二章を参照。

である。それは、脅威であるとか敵であると言ってみたり、味方であるとか避難所であると言ってみたり、さまざまに日本を表現することで自国の政治的危機にその場しのぎの対処をしているだけである。そうは言えども、なぜそれらが反日主義の形をとり、他ではないのかを問わなければならない。

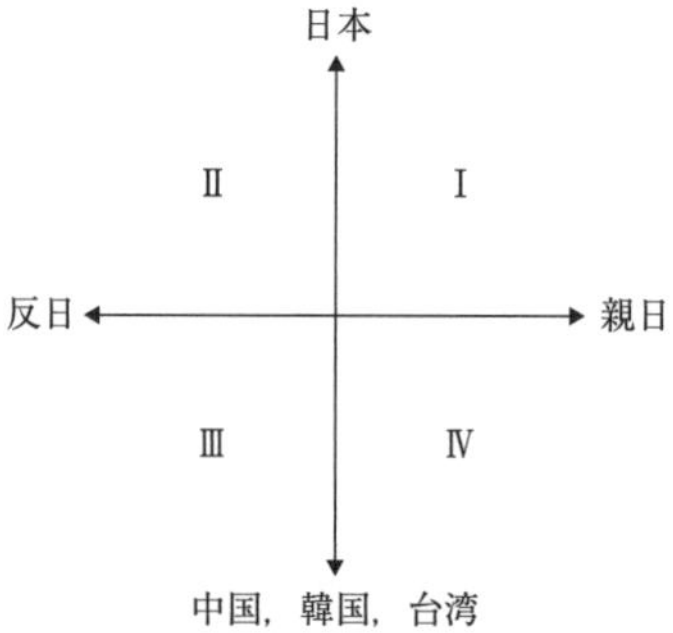

右の図では、東アジアにおける反日主義とその構成的他者である親日主義の関係性や位置付けについて示している。横軸に、反日・親日感情を配置し、縦軸に日本とアジアの間の地政学的な位置取りを置いている。第一象限（Ⅰ）は、日本の穏健な新保守主義者で構成されている。第二象限（Ⅱ）には、日本の左翼と、国際主義的な観点から日本の帝国主義への批判者が含まれている。第三

象限（Ⅲ）は、中国、韓国、台湾のさまざまなナショナリストや反日集団らで構成されている。最後に、第四象限（Ⅳ）は、かつての被植民者から日本の大衆文化を熱狂的に支持する現代の若者にいたるまで、日本にとって好意的な親日の立場の人びとである。この図とそれぞれの象限は、親日・反日感情が各国の歴史的・地理的条件によって異なって現れる関係を描写している。例えば、日本の保守主義者（第Ⅰ象限）と台湾のかつての帝国臣民（第Ⅳ象限）の間では、親日感情があるという点では同じだが、植民関係の違い——植民者と被植民者の間の共約不可能性——に基づく異なる欲望を見てとることができる。この特異性については、第4章で論じることになるだろう。

　多くの言説編成体 discursive formation がそうであるように、反日主義言説もまた静的ではなく、動的なものであることに注意を払う必要がある。戦後のアジアにおける反日主義は、主として、植民地の苦痛と戦争犯罪（植民地主義と帝国主義）への謝罪と償いの要求の形式をとっている。その内容は、多くの場合、東アジア諸国の現在の関心事に向けられ、それは日本と関係がある場合もあれば、ない場合もある。反日主義の強さの度合いは、世界システムにおける日本と他の国々との間の相対的な力関係によって条件付けられている。さらに、反日主義の範囲は、様々な規模に及ぶ。日本の残虐行為をめぐる個人的な記憶から、救済と賠償をめぐる集団的要求まで、また「日本鬼子」といった日常的な中傷から公的な非難の言説に至るまで、といった具合で。反日主義は、怒り、悲しみ、ねたみなど感覚と感情を掻き立てる。それらは熱っぽくて、重なり合い、時には矛盾してもいる。

クリス・コネリーは、冷戦後のアメリカ覇権についての深い洞察において、今日でも「反米主義の継続的な必要性」を主張する。なぜなら、「ある意味では、反米主義は、強力かつ効果的な反資本主義政治のための重要な要素となりうるし、対抗と批評の必要かつ重要な契機になりうる」からだという（Connery 2001：400）。しかしながら、反米主義は、常に国民国家を主要なプラットフォームとするものである。柄谷行人（2014）が指摘するように、資本＝ネーション＝国家は、ボロミアン環〔分離不可能な絡み目〕を形成し、資本主義の危機とニーズに応じて、相互に補強し補完し合う。結果としてグローバル資本主義は、一部の人が望んだような、国民や国家の終焉をもたらすものではないだろう。むしろ、グローバル資本主義は国民や国家を再節合 rearticulations する条件になるだけである。なぜなら、この点において、グローバル資本主義は社会関係資本で成り立っており、すべての資本主義国家の支配階級は、資本主義社会の再生産と利害関係をもつからだ。ゆえに、コネリーは、国民国家を強化する反米主義は、諸刃の剣になると警告している。代わりに登場する社会的集合体が国民国家それ自体である場合は、国家を基盤とした反米主義は、危険であり、政治的な退行を意味する（Connery 2001：403）。こうした欠点にもかかわらず、コネリーは反米主義には「世界的なイデオロギーが再生産される領域へと負のエネルギーを結びつける重要な構造性能」があるとみている（Connery 2001：403）。東アジアの反日主義も、この諸刃の剣として捉える必要がある。

すべての反日主義が同じ政治的欲望を持っているわけではないし、日本に対して同じように不平不満を表したりするわけではない。中国の場合は、国内のあやうさや社会不安にたいして高まる市民の懸念を取り除くために、国家が反日主義を扇動した。それに対して、元「慰安婦」たちによって示された韓国の反日主義は、その問題の構造や権力関係が中国のそれとはまったく異なる。東アジア地域の人びとを悩ませている歴史と現代の問題は、民族ナショナリズムと反日主義が共謀することで、真の交渉と和解が難しくなっているのだ。コネリーは、（上記の留保にもかかわらず）反米主義に、アメリカという普遍的な国民国家に対して進歩的な社会的集団を生み出す希望を託している。しかし、私は、反日主義が、日本の資本主義や東アジア諸国の和解に対する万能薬ではないと考えている。むしろ、私は、反日主義（と親日主義）の表象に、冷戦後の東アジアにおける権力関係の動態的な変化を読み解いていくつもりだ。中国の台頭は、第二次大戦後東アジアでの日米優位の状況を根本的に変化させた。民族ナショナリズムの罠に陥ることなく、反日主義（およびそれが持つ否定的な力）を想像する方法は、依然として手強い挑戦のままである。

各章の概要

本書は、中国、韓国、台湾の三つの東アジアにおける反日主義（およびその構成的他者である親日主義）をテーマに構成されている。その際、文化的表象に重点を置いて、「ポストコロニアリティ postcoloniality」と「センチメンタリティ sentimentality」という概念を通じて検討を進める。植民地における独立運動によって帝国が滅んだフランスとイギリスとは異なり、帝国日本の瓦解は敗戦によってもたらされた。この特殊な帝国の終焉は、脱植民地化の失敗に寄与する二つの帰結をもたらした。第一に、二つの原爆投下とその後の占領は、日本人にとってアメリカ人の手によってもたらされた圧倒的な敗北であり、それは、中国人ではなくアメリカ人に負けたという認識をもたらした。第二に、東アジア地域において日本の帝国主義が及ぼした問題や脱植民地化の問題は、日本の敗戦と戦後の非武装化に取って代えられたとまでは言わないけども、ひとまとめにされた。台湾では、日本の敗戦は、「解放」政権の英雄的努力と植民地台湾人の「奴隷」根性を際立たせるために、中華民国国民政府によって利用された。こうして、この島の国民党による再植民地化を正当化した。共産党の勝利で終わった国共内戦の四年後、国民政府の側は台湾に疎開し、中国と台湾の二つの体制は冷戦構造に陥り、今日までそれぞれ異なった形ではあるが続いてきた。朝鮮半島の状況も同様だった。独立後すぐに北と南の朝鮮に分断され、北は共産主義のソビエト連邦に支えられ、南は資本主義のアメリカに支えられ、冷戦へと突入した。壊滅的な朝鮮戦争は、いわゆるポスト冷戦時代においても、分断体制が続いた。しかし、第4章で論じるように、一九四九年以降、国民政府による弾圧とその後の民主化によって、台湾人は想像上の日本にたいする「ノスタルジー」を駆り立てることになった。もちろん、反日朝鮮人と親日台湾人のあいだではまるで真逆のノスタルジーと言ってよいだろう。陳光興は、脱植民地化は、未だ終わっていない冷戦構造の中で失敗していると考えている。アジアを再考し、再び連携するために脱植民地化、脱帝国化、脱冷戦化という三本柱を方法として提案する。反日主義に対する私の分析と批判は、帝国日本における脱植民地化の失敗と向き合い、冷戦による分断と植民地の遺産に囚われずにポスト東アジアを再考するという陣の呼びかけに応答するものである。

酒井直樹ら（2005）は、日本が単一民族社会であるという神話の真偽は、実証的な知識を参照することだけでは明らかにできないと述べた。「「日本人」であるという名辞あるいは概念を編年記的に追跡することによって「日本人」の起源を求めようとする観念史（The history of idea）的方法によっては「われわれ日本人」という実感を解析することはできない」（Sakai et al. 2005：11）という酒井の認識は重要である。今日、国家の対立と分断に内実を与え、それを支えている感情・感覚・情熱こそ、酒井が「国体の情」――近代国家において共同体の表象を可能にする空想と構想力の機制――と呼ぶものに他ならない。戦後ポストコロニアル時代の東アジアにおける反日主義のセンチメンタリティに関する私の研究は、酒井が近代の国家共同体の重要な情緒的な次元と見なした「空想と構想力の機制」を分析するものである。例えば、私は、支配的（でマッチョで文化主義的）な「恨」の感情（不正に対する未解決の恨み）と韓国の日本軍「慰安婦」が抱く「恥辱」の観念と対比させてみた。「慰安婦」にとって「恥辱」、あるいはその感覚を克服していくことは、日本国家と和解するということではなく、愛する人と再び関係性を取り結ぶ可能性へと開かれた感情なのだと、私は主張する。あるいは、一九八〇年代後半以降の中国の反日主義は、国民的な「屈辱」の感覚に突き動かされてきた。本書では、中国の自己規定を反映する比喩としての「日本鬼子」という語の意味変容を検討する。また、台湾のケースでは、台湾人高齢者のもつ想像としての「日本」が、「悲しみ」と「ノスタルジー」の感情によって占められていることを示そう。このノスタルジーは、戦前戦中の日本に対してというよりもむしろ、戦後台湾の国民党政権による新植民地主義に対する憤りだと論じる。これらのセンチメンタリティ――恨、恥辱、屈辱、ノスタルジー――は、日本の帝国主義と植民地主義からはじまる戦後のポストコロニアル時代の東アジアにおける地政学的変化によって条件づけられた集合的かつ個別の情動としてである。結論を先取りすれば、私は、政治的概念としての「愛」と世代を超えた親密性とを節合することで、センチメンタリティをめぐる議論を先に進めようと考えている。なぜなら私は、国境を超えた、そして国家的ではない情動の政治に希望を託しているからである。

第1章「ブルース・リーとゴジラが出会う時――帝国横断的キャラクター、反日主義、反米主義、脱植民地化の失敗」では、『ゴジラ』(1954)の象徴的な反米主義と、ブルース・リーの『怒りの鉄拳』(1974)の象徴的な反日主義が、戦後の東アジアにおける脱植民地化の失敗を特徴付ける欲望と幻想の二つの軸を構成していることを議論する。敗戦後の帝国日本の突然の消滅、その後の冷戦期のこの地域におけるアメリカの覇権は、台湾や韓国のようなかつての植民地での強固な独裁的支配と結合した。そして、最終的に、戦後日本の経済的な台頭が、帝国日本の遺産をあからさまに抑制したとまでは言わないまでも、一時停止することに寄与した。そのために帝国日本の問題――戦争責任、領土紛争、「慰安婦」、靖国神社など――がこの地域の公共圏の論争になったのは、いわゆる冷戦後の時代(中国の場合、ポスト社会主義時代)に絞られる。

第2章「「日本鬼子」――中国における反日主義の条件とその限界」では、現代の日中関係の一例を中国大衆文化における蔑称「日本鬼子」から分析する。私は日本鬼子の表現を四つの歴史的契機に位置づけている。中華思想的帝国の末期、帝国主義の最盛期、社会主義ナショナリズム、社会主義後のグローバリゼーションがその四つである。この「侮蔑語」は、帝国主義的暴力のトラウマに起因する認識の感情的な政治を遂行するけれども、究極的には和解の政治を確立することはできないのではないか、と論じる。私は、中国における反日主義は、近代史を通じて日本との非対称な権力関係を媒介とした中国の自己像に関するものであり、日本それ自体に関係するものではないことを示すだろう。

第3章「恥辱の身体、身体の恥辱――韓国の「慰安婦」と反日主義」では、性的暴力に関する恥辱の感情にとりかかる。そこで私は、身体の比喩と恥の感情を通して「慰安婦」を描いたピョン・ヨンジュのドキュメンタリー三部作を分析する。恥辱、むしろ恥の克服は、韓国のナショナリズム言説における恨という感情の持つ文化主義的側面とは異なり、和解の政治にたいする交渉と前進の可能性を秘めている。もし恥辱が女性たちの情動的な側面を構成するならば、老いゆく身体は、巻き戻せない時間の経過を思い起こさせる。老いた身体が、苦しみという感情の物質性と、「ポストコロニアル」暴力の残酷さを浮き彫りにする。目に見えて年老いた女性たちの身体と、死の淵で隠蔽された天皇裕仁の身体と国家的な弔いに重ね合わせて考えることで、その身体の価値や査定が異なるだけではなく、帝国主義と植民地主義に対する昭和天皇の責任をもう一度放棄する点に帝国システムの卑怯さがあるのだ、と私は論じるだろう。

反日主義に関する他の章とは異なり、第4章「植民地時代へのノスタルジアまたはポストコロニアル時代の不安——「光復」と「敗北」のはざまにいるドーサン世代」では、台湾のかつての被植民者によって示されるような、日本の植民地主義にたいするノスタルジーと親密性の感情を探る。私は、（想像的または現実的な）「日本」に対して好意的でときに熱烈な感覚は、個人的にも歴史的にも喪失感を取り戻したいという欲望と考えられるべきであることを明らかにする。彼らの情熱は、正式な植民地主義の終焉以降に、周辺化されてしまった自分たちのことを、元植民者である日本人に認めて欲しいという遅まきの嘆願であると私は理解している。彼らの努力は、明らかに親日感情にもかかわらず、国民党政府と日本国家にそれぞれ支持されて流布した（1）植民地主義→光復→国家建設と（2）植民地主義→敗戦→国家建設の図式の二つの直線的な物語に水を差している。

第5章「〝愛という名のもとに〟——批判的な地域主義とポスト東アジアの共生」では、私は、（『ゴジラ』〔1954〕、『絞死刑』〔1968〕、『墨攻』〔1992-96〕、『息づかい』〔1999〕のなかの）戦後ポストコロニアル時代の東アジアにおける愛の四つの表現、または愛の政治的概念の具体化について説明する。それは、国家の愛と同類のものへの愛を超えた国家横断で、準国家的な親密性と、情緒的な帰属への可能性を垣間見せる。最後に、台湾と見かけ上の親日感情と東アジアの地政学における台湾の周辺化を扱うことで、和解の政治の再概念化を議論する。

第6章「もう一つの和解——親密性、先住民族性、そして台湾的な異相」では、津島佑子の小説

『あまりに野蛮な』(2008)とラハ・メボウのドキュメンタリー映画『サヨンを探して』(2010)を読解し、植民地時代のナラティブと、妥協と解決という国家中心の政治の両方を退かせる世代間の和解について議論する。

第1章　ブルース・リーとゴジラが出会う時
——帝国横断的なキャラクター、反日主義、反米主義、脱植民地化の失敗

私の知る限り、かの高名な武道家は恐るべき怪獣と戦ったことはない。また、あの被爆した獣が架空の中国人愛国者の故郷を踏み潰し破壊したこともない。彼らが最も接近したのは、日本の有名な漫画とアニメのシリーズである『ドラゴンボール』の「命がけ！　牛乳はいたつ」の回で、「天下一武道会」の参加者として一瞬現れる場面だろう。短い戦闘シーンにおいて、ブルース・リーはまず（明らかにキングコングを思わせる）巨大なゴリラを有名な奇声とともにミドルキック一発で仕留めている。しかし、その直後、ゴジラのおなじみの放射能火炎によって黒焦げにされてしまう(1)。こ

（1）　本章全体を通じて、日本版の怪獣と映画を指して「ゴジラ」を用い、アメリカ版を「Godzilla」と表記する。後に論じるように、この区別は、製作にかかわる点だけでなく、その政治と、権力の格差を示すためにも決定的に重要である。

の有名なアニメシリーズにおける架空の戦いは、大衆文化における二つの「世界的アイコン」が、その生涯（最初の『ゴジラ』は一九五四年に公開され、二〇〇四年の『ゴジラ ファイナルウォーズ』で完結したとされる。ブルース・リーは一九四〇年一一月二七日に誕生し、一九七三年七月二〇日に死去している）[2]を越えてなお、引き続き参照され、重要であり続けていることを示している。しかしながら、この二つの世界的アイコンはそれぞれ、ローカルまたリージョナルな歴史と旅程をもっている。ゴジラは一九五六年に太平洋を渡ってアメリカでGodzilla（ガッズィーラ）となり、ブルース・リーは逆の行路をたどってアメリカからアジアへと向かい、一九七三年の最後の長編映画『燃えよドラゴン』でアメリカに帰還している。その意味で、これらの映画的アイコンの大衆的な受容においては、アメリカという存在が大きく立ちはだかっている。

ゴジラとブルース・リーの人気は世界的なものであるが、私はより限定された歴史的な結びつきに注目したい。具体的には、日本、アジア、そしてアメリカである。そして、私は次のことを示唆したい。つまり、ゴジラとブルース・リーの歴史的な可能性の条件は、「戦後冷戦体制」のなかにあり、そこにおいて、アジア太平洋地域の「ポストコロニアリティ」が、異議申し立てされながらも未解決のまま抑圧されていた、ということだ[3]。より正確に言えば、『ゴジラ』の「象徴的反米主義」とブルース・リーの『ドラゴン怒りの鉄拳』（1974）での「反日主義」は、戦後東アジアにおける「脱植民地化の失敗」を特徴づける欲望とファンタジーの二つの軸をなしている、と主張したい。敗戦による帝国日本の突然の消滅、続いて、台湾や韓国などの旧植民地における堅牢な権威主義的統治と相まって、冷戦期アメリカの地域的覇権、さらに戦後日本の経済成長、これらすべてが帝国日本の遺産の（公然たる抑圧とは言わぬまでも）宙吊り状態を条件づけた。東アジアの公共圏において、戦争責任や領土問題、「慰安婦」や靖国神社、といった帝国日本の諸問題がようやく議論される

（2）二〇一四年五月、ギャレス・エドワーズによる新たなGodzilla映画が全世界公開された。この映画は、オリジナルの『ゴジラ』に敬意を払い、福島の被害を視覚的に参照しながら、人類のために巨大未確認陸生生命体（MUTO）と戦うヒーローとしてゴジラを擬人化している。元の『ゴジラ』が人間（あるいは、よりはっきり言えばアメリカ）による核破壊に対する警鐘の物語だったのに対し、二〇一四年版では自然と別の被爆した生物との間でGodzillaを「釣り合わせる」ことで、人類は環境破壊の責任を免除されている。芹沢博士がいみじくも言ったように、「奴らを戦わせておけ」というわけだ。

（3）私の「戦後冷戦体制」という用法には説明が必要だろう。通常、「戦後」と「冷戦」は同じ時間の枠を示すと考えられている。そのため、この二語の接続は冗語にみえ、両者は互換的に使われるかもしれない。しかし、そこで無視されるのは、敗戦直後の日本の焼け跡からの「移行」である。敗戦直後に得た政治的可能性は冷戦の激化によって否定され、むしろ抑圧されたのである。小熊英二は『民主と愛国』において、日本の言説において「戦後」は一つではなく二つであると論じた。一九五五年を画期とする第一の戦後から第二の戦後への移行のなかで、ナショナリズムに関する知識人の言説は大きく変わった。そこには「途上国」から「先進国」への、そして「アジア」から「欧米」への移行が存在する。同時に、直接的な貧困と社会の混乱から、消費社会の勃興とそれにともなう社会秩序と政治的保守主義への移行も存在する。私の「戦後冷戦体制」という用法は、一方では帝国日本の残滓と、他方、平和主義を堅持しながらも経済発展のために合衆国の覇権に従う新たな国家の形成の間を橋渡しする移行を徴づけ、表現するものである。

ようになるのは、いわゆる「ポスト冷戦期」（中国の場合、「ポスト社会主義期」）においてである。ここで、東アジアの「ポスト冷戦期」とは、（「ポストコロニアル」の「ポスト」の場合と同様に）冷戦の終結を意味しているのではない。他地域では東西対立が終決したとはいえ、台湾海峡、朝鮮半島、沖縄はなおも冷戦の枠組みにはまり込んでいる。旧来の冷戦構造が社会主義／資本主義の対立というレンズで見られるものだったとすれば、現在のポスト冷戦構造は、たとえ北朝鮮や中国が社会主義を国家の支配的イデオロギーとしていると主張しようとも、ほとんど完全にグローバル資本主義に包摂されてしまっている。端的に言えば、今日の東アジアにおいては、政治における冷戦構造と経済における新自由主義的グローバリゼーションが共存し、その両者の間に、大衆文化の多様で矛盾に満ちたヴァリエーションが存在しているのだ。

ゴジラとブルース・リーは、冷戦期の不安の産物であり、それゆえに単に世界的なアイコンであるだけでなく、私が「帝国横断的キャラクター transimperial characters」と呼ぶ、日本の敗戦のトラウマと近代の植民地主義世界における中国の恥辱と対峙しようとする存在である。帝国横断的というのは、帝国的な体制の間の移行 transition、移譲 transfer、翻訳 translation、転移 transposition を意味し、この場合は、日本からアメリカへの帝国の移行と、地域内でのグローバル資本主義の運用と拡大における両者の重複（と共犯）をあらわす。ゴジラとブルース・リーが「キャラクター」であるのは、ファンタジー世界（二次元）と現実世界（三次元）の間を媒介するという意味においてである（Nozawa 2013）。ゴジラは、記号論的な媒介として象徴的な反米主義を演じる。つまり、アメリカの核に関わる行動を暗黙に批判し、日本が自国の戦死者とアジアの被害者の間の矛盾を自らは調停できないことを表現する。ブルース・リーの映画、とりわけ『怒りの鉄拳』は、象徴的な反帝国主義をドラマ化する。それは、抽象的な中華の文化ナショナリズム（皮肉なことに、現実の中国大陸とはまったく関係がない）を通じて植民地の傷を癒やすことである。

ゴジラが繰り返し東京に戻ってくることと、ブルース・リーが日本人に復讐することは、ポストコロニアルという同じコインの裏表である。片方の面は日本の敗戦と帝国の突然の解体であり、もう一つの面は現在まで係争中であり未解決の日本の帝国主義／植民地主義の記憶である。ゴジラの足跡とブルース・リーのキックは、帝国日本の消し難い痕跡を想起させる。さらにいえば、これらの脱植民地化の失敗は、この地域のアメリカ覇権の戦後冷戦体制によってさらに悪化した、ということを私は示したい。ゴジラがGodzillaによって「安全な恐怖」（Tudor 1989）に仕立て上げられてしまっただけでなく、ブルース・リーもその遺作において、主流派ハリウッド・カンフー・スターへと馴致されてしまった。ゴジラ（反核運動）とブルース・リー（反日本帝国主義）と結びついた政治は、抑圧されたと言わぬまでも、消去され、純然たる娯楽とイデオロギー的囲い込みに還元されてしまった。はっきり言えば、怪獣と龍は飼いならされ、アメリカ化され、脱政治化されたのだ。

なぜゴジラはいつも東京に戻ってくるのか？

ゴジラは放射能被曝によって生み出された怪獣であり、実際に起きた第五福竜丸事件に触発されている。これは、一九五四年三月一日、日本のマグロ漁船がアメリカの水爆実験による放射性降下物に被曝した事件である。この映画は、単に歴史的出来事を反映したというだけでなく、いくつかの水準で読まれ解釈されるべきものである。バラク・クシュナー（2006）は、『ゴジラ』の歴史的発生はいくつもの点で前代未聞だった、と論じている。それは、日本が国際的な舞台に復帰したことを示す最初の映画であり、アメリカ占領期の検閲から逃れ、国外でリメイクされた最初期の映画である。さらに、クシュナーにとって、『ゴジラ』は「一九三一年から一九四五年の日本の帝国主義戦争と戦後を架橋する視点」（Kushner 2006：41）を表象しているという。たとえばスーザン・ネイピアは、ゴジラを、日本とアメリカの権力関係を大衆文化において一時的かつ感情的に転倒させる「歴史の書き直し」の徴候として読んでいる（Napier 1993：327）。この映画は、オキシジェン・デストロイヤー〔芹沢が発見した架空の化学物質〕の開発者である「善き」日本人科学者〔芹沢〕が、「悪しき」アメリカの核への野望を体現するゴジラを、自らを犠牲にして倒すのだが、それは（戦中のように）国家のために、というだけではなく、人間性のための行為である。この点において、ゴジラは私が「象徴的反米主義」と呼ぶものを表現している。そこにおいて日本はアメリカに対する道徳的優位を主張できるだけでなく、その反核平和のメッセージは、民主的で平和を愛するという、新たに勃興した戦後日本のアイデンティティに沿うものでもある。(4)

ゴジラを反核反戦の象徴として解釈するこうした支配的な読解に対して、日本の文芸評論家の加藤典洋（2010）は、ゴジラは、加害者でもあり犠牲者でもあるという両義性のために安らかに眠ることのできない日本の戦死者たちを体現する存在である、と論じる。加藤は「なぜキングコングとゴジラはそれぞれニューヨークと東京に戻ってくるのか?」という素朴な問いを立てる。加藤はフロイトの「不気味なもの」という概念を用いて、二頭の怪獣は「身近なもの、親しいものが、いったん排除され、抑圧され、隠されたもの」(Kato 2010 : 166) であると解釈する。両者は、身の毛もよだつ恐ろしい存在であるにもかかわらず、倒され殺されたときには、急激な安堵と、後悔とはいわぬまでも、何かしら悲哀の感情を喚起するものがある、と加藤は論じる。ゴジラに関しては、この映画はゴジラと戦死者の二重性を抑圧する日本人の無意識に対する「防衛機制」であるとする。その無意識は、日本社会が過去と折り合いをつけることを拒否し続ける限り日本人の心性につきまとうものであり、加藤(1997)が戦後日本における「ねじれ」と呼んだことでよく知られる徴候である。映画の紹介の中で、加藤はゴジラが東京を徘徊し破壊するさまを戦中の空襲の記憶と重ねている。ゆっくりと動き回り、時に立ち止まり、苦しげに体をねじらせながら、ゴジラ(と日本の戦死者)は「自分がそのために死んだ国は、いま、どこにあるのだ? 自分の祖国はどこへ行ってしまったのだ?」と文字通り絞り出すように表現しているようだ(Kato 2010 : 153)。

ゴジラは繰り返し東京に戻ってくる。加藤の読解によれば、それはまさに、戦後日本が戦死者と

(4) 戦後大衆文化における「象徴的反米主義」のカタルシスと情動的編制は、その体現者としての力道山と日本のプロレスにもみることができる。

の関係に正対してこなかったためなのだ。これらの犠牲者たちは国家とアジアの解放のための尊い犠牲という大義を信じて動員された。しかし、日本の敗北によって、日本人の心性に反米から親米へ「転向」が起こった。この転向によって解決されずに残ったものは、加藤によれば、戦争で生き残ったもの、つまり、平和と民主主義という新しい価値に目覚めたものたちと、聖戦の名のもとに死んでいったものたちの間の関係だった。五〇年間に二八本のゴジラ映画が作り続けられてきたことは、日本の社会がゴジラと日本の戦死者という不気味なものを「衛生化し、無菌化、無害化し、戦後の社会に馴致」(Kato 2010 : 168) しようとする試みにほかならなかった。加藤は、かなり唐突な結論において、次のように思索する。もし自分がゴジラ映画の脚本制作陣の一角に加わったとしたら、ゴジラを靖国神社に向かわせて「靖国を破壊せよ!」とゴジラに命じるだろう、と。

加藤のゴジラの解釈は、それ以前に書かれて大きな論議を呼んだ『敗戦後論』の論理を踏襲している。そこで加藤は、太平洋戦争の二〇〇〇万人の(日本以外の)アジアの犠牲者に対して、真に、正式に謝罪するためには、日本社会が三〇〇万人の日本人戦死者を弔うことを通じて国民的な主体を形成することが先決だ、と論じている。加藤の論理は、戦後日本の「二重人格」に基づいている。つまり、日本の戦時中の侵略を擁護するハイド氏のかわりにジキル博士が謝罪している、というのだ。この「ねじれ」は戦後の「転向」に由来する。そこでは、太平洋戦争は悪しき戦争として論駁され、アジア解放(大東亜戦争)の美名のもとに死んでいった人びとと国家の関係は無視された。戦死者の遺族やそれに同情する人びとにとって、靖国神社と関連する英霊崇拝の活動は、極右思想の土壌となった。それゆえ、加藤によれば、戦死者を無視した日本の左翼と進歩派こそが、靖国型の過激主義の元凶として非難されねばならない、という。そこで加藤は、進歩派に対して、いわゆる靖国の論理の価値を切り下げるために戦没者を称えるように呼びかける。ゴジラ／戦死者という不気味な憑依する姿に対して、集団的に対面することによってのみ、そしてゴジラに靖国神社を破壊してもらうことによってのみ、日本と日本人はその「ねじれ」を取り除くことができる、というわけだ。ヴィクター・コシュマンらが指摘したように、加藤のレトリックは日本が二〇年にも渡って不況にあえいでいるという状況と不可分に結びついている。コシュマンにとって、「他のアジア人に対して日本の侵略と残虐行為について謝罪する、という明らかに必要なことですら、日本国民を動員することの口実に略取されてしまっている」のだ（Koschman 2006：123）。

加藤の処方箋は、日本政府に口実を与え、究極的には、政府からの謝罪と補償の無限の「先送り」につながってしまう。日本人の戦死者を追悼することが「日本の国民主体」を立ち上げることになる保証はどこにもないばかりか、国民主体の形成においては「自己」と「他者」の構築と物象化が必要になり、それによって一切の真摯な和解が不可能になりかねない。「ねじれ」という問題に対する加藤の「処方箋」へのコシュマンの批判については同意するものの、加藤の分析は真剣に検討されるべきものであると私は考える。しかしながら、この本を通じて明らかにしてゆくように、この問題は、日本の戦争責任にのみ帰せられるものではない。そうではなくて、日本とその旧植民地の双方における「脱植民地化」の欠如こそが、日本の矛盾した植民地性／近代性を抑圧し隠蔽してきたのだ、と私は主張したい。端的に言えば、他の植民地勢力とは違い、日本の敗戦はその帝国の終焉を意味した。続く冷戦とアメリカ覇権は、日本の急速な経済復興を助けることで、植民地の傷跡を「忘れる」ことに大いに貢献した。ポストコロニアルな（分断された）国民である台湾と韓国は、日本との国交正常化に調印したことで、日本の軍事的侵略に対するすべての賠償と補償が解決されたとされるものの、これらの国は真摯で深い反省に基づく政治的和解よりも経済的な必要性に駆られていた。この不完全で宙吊りにされた脱植民地化と脱帝国化の結果、これらの地域には、根強い反日感情が残存している。ただし、それぞれの国ごとに、国内問題や社会矛盾を隠蔽し屈曲させたりするためにこの感情が国家装置によってしばしば流用されるため、その度合は異なっている。

なぜブルース・リーはシャツを脱ぐのか？

ゴジラが、日本のポストコロニアリティを定義しようとする苦闘と歴史を書き直す（日本の科学者が世界を救う、というふうに）ための「象徴的反米主義」を表現しているとしたら、ブルース・リーは、数百年にわたって帝国主義権力によって与えられてきた中国（アジア）の恥辱に対して復讐しようとする、反植民地また反日感情を体現している。ブルース・リーも、ゴジラと同様に、多様な読解を誘発する。たしかに映画においてリーは反日主義を表象しているが、それだけでは、現在に至る彼の日本でのすさまじい人気が説明できない（この点については後で触れる）。スティーヴ・フォアが正しく指摘するように、一九七三年の早逝にもかかわらず、ブルース・リーは文化としての中華の、あるいはある特定の種類の中華民族とその民族主義の最も有力なアイコンであり続けている。反帝国主義の英雄としてのブルース・リー像の形成と、中華ナショナリズムの発生の双方に関して重要なことは、文化としての中華の想像力におけるリーの浮上と一九七〇年代初頭における釣魚諸島（尖閣諸島）をめぐる論争が歴史的に同時期に起こった、ということである。フォアは、この問題の島に関する一九九六年の事件が、反日主義のなかでのブルース・リーの変わらぬ重要性を浮き彫りにしたと関連付けている。一九九六年九月二六日、台湾と香港からの一七人の活動家が四二人のジャーナリストと共に錆びついた貨物船「保釣号」に乗り込み日本の尖閣諸島領有に対して抗議を行った。同年初めに日本の右翼団体の日本青年社が諸島の一つに上陸し、高さ五メートルの太陽光発電のアルミ製灯台を設置し、日本の海上保安庁に対して公式な航海標識として表記するよう求めていた。それによって沸点に達した長期にわたる論争の帰結が、この乗船行為だった。抗議者たちは日本の船によって監視され無線を傍受されていた。二六日の朝八時半頃、長年抗議運動に関わってきたデイヴィッド・チャンを含む五人の活動家は、主権を主張するための象徴的行為として海に飛び込み泳いで島に渡ろうとした。思いがけぬ高波が彼らを襲った。チャンは溺れ、まもなく死亡が宣告された。生存者の一人は日本の沿岸警備隊に救助され、沖縄の病院に収容された。治療中、彼は、香港の記者に対して「香港に帰る際には伝統的な中国服かブルース・リーのTシャツを着たい」と述べた（Fore 2001：118）。

一九七〇年代前半の反日運動は、主に大陸以外の中国語圏域によって組織されていた。香港、台湾、東南アジア、合衆国の中国系学生などである。(5) リーの映画は大陸では一九八〇年代初めまで禁止されていたが、毛沢東が密かに称賛していた、という噂もある。このことが意味しているのは、現在の大陸における反日感情は、一九七〇年代のそれに対してかなり遅れてきた現象であり、その遅れは冷戦期の政治と東アジアの資本主義の間の不均衡な発展によるものだ、ということだ。リーは文化ナショナリズムを象徴している。なぜなら、そのナショナリズムは、外国勢力による恥辱に満ちた中国近代史の克服に基づく、想像上の祖国に対する不定形だが包括的な愛情に関わるものであり、中国大陸及びその政体をその正当な代表者と措定するものではなかったからだ。

ブルース・リーの四つの完成作のうち、東アジアで最も人気があるのはおそらく『ドラゴン怒りの鉄拳』だろう。この映画が今日に至るまで中国の文化的想像力の着想源となっていることは、ジャッキー・チェン、チャウ・シンチー、ジェット・リーやドニー・イェンらによるリメイクやパロディ、後日譚、前日譚が山ほどあることからもうかがえる。(6)『怒りの鉄拳』が、日本におけるゴジラと同様に、中国語圏の観客の琴線に触れ、支持され続けているのはなぜなのか。私は二つの可能性を示唆したい。一つは、一九二〇年代の占領下の上海という歴史的設定が、中国にとっての「百年国恥」の頂点であったことである。西洋と日本の帝国主義者は、中国と中国人を物質的に打ち負かしただけではなく、人びと、とりわけ男性たちを文化的に辱めていたのだ。このことは、「東亜病夫」〔「東アジアの病人」という意味で、当時の中国または中国人への蔑称〕と「犬と中国人立ち入るべからず」〔華人與狗不得進入〕という侮辱的な文句によって象徴される、よく知られた、しかし実在したのか疑わしい二つのエピソードから明らかである。二つの印象的なシーンは、リーがこれらの文句を物理的に破壊することで集団的な恥辱の感情を拒否するさまを端的に表している。日本の「道場」の中で、リーは「東亜病夫」の看板を日本人に突き返すだけではなく、その場の日本人全員を、独特な奇声とにらみつける表情で、有名なヌンチャクと武術で叩きのめす。あたかも日本人を侮辱し返すように、彼は「東亜病夫」と書かれた紙を丸めて食わせる。日本人たちがリーの師匠の葬式に看板を持ってきた際に言ったことをそっくりそのままやり返したのだった。リーが、ひいては中国人が、病気でも弱くもなく、それどころか復讐と暴力が十分可能なのだ、ということを日本の帝国主義者に証明すると、彼は次なる中国人への侮辱に対峙すべく歩を進める。彼は道場を後にするや否や、西洋人たちが散歩する公園の外に「犬と中国人立ち入るべからず」の看板が下げられているのに出くわす。シーク教徒の門番が看板を指し、日本人が彼に犬として公園に入るよう合図すると、リーは跳び上がり、得意のハイキックで看板を破壊し、シーク教徒の門番と日本人植民者を驚かせる。リーは通りすがりの中国人の称賛を浴びる。これらの力強い復讐シーンは、観客に、そして中国語圏の観客にはとりわけ、カタルシスの経験をもたらす。そのカタルシスは、それまで抑圧

（5）　合衆国における中国系学生の活動と、アジア系アメリカ人の政治におけるその含意の分析については、Wang（2013）を参照してほしい。

（6）　ウィキペディアによれば、『怒りの鉄拳』のリーの役柄、陳真に基づいた作品は、映画四本とTVシリーズ八本にも及ぶ。

図1-1　ブルース・リー『怒りの鉄拳』(1974) より

され達成不可能だったものであり、少なくとも一時的に日本／西洋の帝国主義者と中国人との間の権力関係を転覆する。その点でゴジラが日本の観客に勝者の側に立つ機会を与えたのと通ずるものがある。

もう一つの側面は、『怒りの鉄拳』が中国語圏の観客に情動的な共鳴を呼び起こした殉死への言及である。『怒りの鉄拳』は、リーが演じる陳真（チャン・ジャン）が武術学校を警察と日本人による尋問から守るために、学校から歩いて出てくるシーンで終わる。この印象的な最後のシーンで、リーは、彼に銃口を向けまさに発砲せんとする警察と軍隊の一群に対峙してゆっくりとこれみよがしに歩いてゆく。顎を高く上げ、挑発的だが優雅に、特徴的な奇声を上げながら陳真は敵の群れに突入する。空中へと跳躍したところで映像は静止し、銃声が鳴り響いて映画は幕を閉じる（図1-1）。陳真は射殺されたと考えるのが普通だが、静止したフレームは生と死の間の宙吊り状態、あるいは反逆の可能性をいまだ保持する歴史の停止を示唆している。つまり、ブルース・リーは、あるいは彼の武術に現れる文化としての中華性は、東亜病夫や犬のようなものとしてではなく、秘めたる男性的存在感を心ならずも開示する存在として、長らく抑圧されてきた日本人や他の帝国主義権力に対する苦悩と敵愾心を投影するための必要な経路を海外在住の中国人に提供したのだ。さらに重要なのは、『怒りの鉄拳』はリーがはじめて劇中でシャツを脱いだ作品でもある、ということだ。

リーの視覚的特徴は、なめらかで素早いキックとパンチ、彼以前の伝統的武術映画では通常みられない武器（ヌンチャクなど）の使用、そして特徴的な奇声などだ。しかし、彼が先達（ジミー・ウォング［王羽］）とも後進（ジャッキー・チェン、ドニー・イェン）とも異なっているのは、とりわけ戦闘シーンにおいて裸の上半身を見せる傾向が強い、ということだ。他のアジアの男性像の視覚表象と異なり、リーは常に自ら進んでシャツを脱ぎ、彫りの深い筋肉を見せつける。そしてこの肉体像は静的なものではない。そうではなく、クリス・ベリーが論じたように、リーの身体は、相異なる時間と場所においてローカルな状況に応じて相異なる解釈を生み出す「国境を超える枠組み transnational frame」なのである。さらに、この国境を超える枠組において重要になるのは、「負け犬の勇気」という物語の媒体が中国人男性でもあるということであり、彼が体現する固有の男らしさが性的な男性の肉体を前景化する、ということだ。それゆえ、ベリーによれば、「リーの身体は苦悶するそれだ。つまり、一方では近代アメリカの男らしさに呼応しようとする衝動と、他方、それに呼応する能力の前提となるホモフォビックで人種的に有徴化された自己嫌悪との間の、ダブル・

バインドに囚われた身体」なのだ。ベリーは、アジア系アメリカ人が理解する（無性化された）男らしさと西洋において期待される女性化という二極化に挑戦するものとして、中国人の男性性の歴史（つまり「文」と「武」）についても指摘する。

ここにおいて、リーのこれみよがしな肉体の露出は、それ以前のあらゆる武術映画の慣習と切断される。リーの中国的「武」の男性性とアメリカ的な男性性の混成状態は、彼の映画の負け犬の物語に対するさまざまなナショナリスト的で反植民地主義的な解釈と切り離してではなく、密接に結びついたものとして理解されうる（Berry 2006 : 226）。つまり、リーの肉体の可視性は、それ以前の武術映画における男性の肉体の不可視性と、まったく対照的なのだ。しかし、ベリーが先に指摘したように、この男性化された肉体は中華的な身体でもある。（シャツを脱いだリーの）肉体の露呈は、長きにわたる中国の禁制の慣習、すなわち「忍」に従っているのだ。英雄は仕返しをしないよう教えられている、という状況において、この禁制は、緊張と期待感を高めるメカニズムとなっている。香港で制作された三本の映画では、それぞれ母（『ドラゴン危機一発』）、学校（『怒りの鉄拳』）、叔父（『ドラゴンへの道』）はいずれも、リーに戦うことを、というよりも武術の腕前を明かすことを禁じる上下関係を表象している。もちろん、この抑圧は長く続かないし、続くはずもない。観客には「お約束」とはいえ、しかしかなりの感情的爆発を伴って、リーが演じる役は各々の卓越した技能を見せつけ、敵を叩きのめし、観客は称賛と喝采の咆哮で応える。そして、この技術の顕示は、しばしば、そしてきわめて特徴的に、シャツを脱ぐことを伴ってなされる。この脱衣によって、中国人を弱々しく女性的で封建的な「東亜病夫」とみる西洋の見方を脱ぎ捨てるのだ。ベリーは端的に述べる。「彼が屈辱に耐えられなくなる瞬間は、「武」の流儀にしたがい、怒りに燃えて全力で敵と相対することによって示されるだけではない。それは、文字通りシャツを脱いでその筋骨隆々たる上半身を露出するときでもあるのだ」(Berry 2006：227)。

ここでふたたび、その闘う肉体は中華的な身体、または人種化された身体でもある、ということを強調することが重要だ。観客はそれゆえに、絶大なカタルシス的同一化を感じるのだ。しかし、この同一化は、羅貴祥がこの映画が最初に公開されたときの香港の観衆について述べたように、自然なものでも直接的なものでもない(Lo 1996：104)。香港人の間でのリーの人気は、(たとえばM・T・カトーが論じたような)人びとの脱植民地化への希求によるものというよりは、彼らが同一化しうる想像上の中華への希求によるものなのだ。別の言い方をすれば、観衆は、香港独自のアイデンティティというよりも、幻想の空虚な「中華」または「中華性」を望んだのだった。それは西洋人や日本人によって蹂躙されたものであり、リーが表象する「中華的」英雄への同一化を生み出したものでもあった。外国勢力による屈辱の世紀に基づくこの幻想の中国と象徴的な反植民地主義によってこそ、リーの最初の三作はアジアやその外の華僑に訴えかけるものとなったのだ。

いかにしてゴジラはGodzillaとなり、愛国者はスパイになったのか

『ゴジラ』の象徴的な反米主義やリーの象徴的な反植民地主義にもかかわらず、表象における闘

図1-2 『ゴジラ』(1954)より

争(とその政治的可能性)は、冷戦構造とアメリカ覇権によって封じ込められ飼いならされてしまった。『ゴジラ』公開の二年後の一九五六年、*Godzilla*(ガッズィーラ)として知られるアメリカ版が同地で封切られた。すでに確立されていたアメリカ郊外の若者向けモンスター映画ジャンルの慣習に従い、編集の自由を大々的に行使し、ゴジラを*Godzilla*に変身させた(Gutherie-Shimizu 2006)。アメリカの製作者側による日本の『ゴジラ』に対する勝手な統制は、後で詳細に述べるように、冷戦期における二国間の権力差の徴候である。『ゴジラ』が明らかに水爆実験(つまりアメリカの暴力)に対する批判を提示しているのに対し、*Godzilla*は、広島や長崎に言及する部分を三〇分削除することで、核をめぐる政治と日本人に対するアメリカの犯罪を小さく見せている。つまり、日本で『ゴジラ』が公開された時、ほとんどの観客にとって第五福竜丸事件の記憶が新しかったのに対し、*Godzilla* は単なる娯楽としての「安全な恐怖」として示されたのだ。[7]

アメリカと日本の間の非対称な力関係は、この二本の映画の奇妙な（あるいは無意識の）ジェンダー表象にも現れている。*Godzilla* には、驚異の怪獣を目撃し、その破壊の様子を記述するアメリカの新聞記者として、レイモンド・バーが演じるスティーヴ・マーティンという役が新たに付け加えられている。さらにバーの助手として、日本の海上保安官のトモ・イワナガ（アジア系アメリカ人俳優のフランク・イワナガが演じた）も追加されている。二つの映画のある同じシーンのなかで、われわれは、日本とアメリカに関する、意図されざる、しかし印象的な表象を目撃する。『ゴジラ』では、村人がゴジラの気配に気づき警告を発する。山根博士と取巻きの記者は丘に登り、初めてゴジラと対峙する。驚き慌てて人びとは丘を急いで下る。逃げ惑う際に、山根博士の娘・恵美子がつまずいて倒れる。即座にわかるほど古典的な「英雄が淑女を救う」イメージで、恋人である緒方が助けに向かい、二人は怪獣の方を心配しながら、恵美子をひしと抱き抱える（図1-2）。*Godzilla* では、同じ場面はひとひねりした形で繰り返される。恵美子が転倒する前に、バーのア

（7）　第五福竜丸事件は、一九五四年三月一日に、日本のマグロ漁船がビキニ環礁で行われた米軍の水爆実験、「キャッスル・ブラボー」作戦による放射性降下物によって被爆した事件である。Tudor（1989）は「安全な恐怖」を明確な対照によって構造化されたものと定義している。脅威は外在的であり、それに対する人間の活動は意味あるものとされ、専門家の立場への同一化が促される。脅威に対する根本的な疑義を欠き、閉じた物語構造を持つ。

図1-3　*Godzilla*（1956）より

ジア人男性助手であるイワナガが同じように転倒する。あたかも緒方が恵美子を助けるように、体格のよいバーが、身動きのとれない不運なイワナガを抱き起こす（図1－3）。ここで示された奇妙なパラレル感は、同性愛的な抱擁ではなく、ジェンダーとセクシュアルな差異に関する異性愛規範の上演である。モノクロ映画の中で大柄なバーが小柄で柔弱なアジア男性の横にそびえ立つ姿は、威風堂々たるマッカーサー元帥が小柄で強張った天皇裕仁と並んだ敗戦直後の象徴的な写真を思わせる（図1－4）。

この写真において、*Godzilla* と同様に、日本は女性化され、去勢され、反共東アジアにおけるアメリカの新たな覇権の補助にされている。この「結婚」と、それに続く「逆コース」によって、アメリカ軍国主義の指導と庇護の元での日本の復興と経済成長が可能となり、韓国と台湾における同様のアメリカ主導の権威主義体制との協調によって、裕仁と日本の戦争責任と植民地支配は、アメリカ自身の残虐行為と戦争犯罪と同様に免責された。端的に、アメリカ帝国が日本帝国に取って代わったのである。『ゴジラ』の批判的価値は短命だった。最初の驚くべき成功のあと、消費主義の隆盛と文化の脱政治化とあいまって、ゴジラはリメイク商品になってしまった。最初の『ゴジラ』は、アメリカ版と同じように、資本主義とアメリカ軍国主義の論理に屈服し、敗北し深海に沈んだまま二度と息を吹き返さなかった。

ブルース・リーが香港に渡って映画俳優のキャリアを探求したのは、アメリカにおける人種差別のためだった、ということはよく知られている。さらに、彼のアジアでの成功は、彼の映画の訴求力が、「負け犬」のキャラクターと反帝国主義者（日本人と白人）と反悪党（海外の中国マフィアのボス）の心情への共感に訴えるものだったことと結びついている。それゆえ、全世界に配給され知名度が上がった彼の出世作といえる『燃えよドラゴン』がハリウッドとの合作であったことは皮肉である。多くの人が気づくように、『燃えよドラゴン』は、香港を舞台とし彼の有名な武術の哲学を披露しているとはいえ、それまでの作品のような文化的・国民的な人物像にかかわるものではなく、武術

図1-4　昭和天皇とマッカーサーの初会談（1945年９月27日）
撮影：Lt. Gaetano Faillace

トーナメントとスパイが題材のよくできた娯楽的物語である。田舎者や底辺層の人物や愛国者ではなく、リーはジェームズ・ボンドのようなスパイの役を演じている。彼は麻薬網を潰し、奴隷を解放し、トーナメントが開催される離島で中国マフィアのボスを打ち負かすため武術トーナメントに潜するのだ。先に述べた『ゴジラ』と *Godzilla* の場面ほど劇的ではないにせよ、負け犬の愛国者から武術の師範兼スパイへのリーの変身は、ジェームズ・ボンドのシリーズでお馴染みの冷戦の語り口のなかでリーのカンフー技術を用いようとするハリウッド式への迎合である。

後に『ベスト・キッド』シリーズを始めとする多くの武術映画でもお約束として繰り返されることになる有名な師匠と弟子の場面で、若い弟子を教えるリーの姿が描かれる。両者のやりとりを通じて、我々はリーの別の姿、つまりカンフーの達人の「文」の側面を目の当たりにする。これはベリーがすでに「中国の男性性について」指摘していたものだが、リーの香港での三本の映画には欠落していたものである。典型的な中国訛りの英語で、リーは弟子に「考えるな、感じろ」「それは月を指差すようなものだ。指に集中するな。さもないと天の栄光を見失う事になる」と諭し、若い弟子は武術だけではなく人生の教訓を学ぶ。アメリカ化されたリーの作品が世界的に流通するにつれ、アジアの観衆を惹きつけた下層で、非教育層の、反帝国主義的なキャラクターは、合衆国政府のための秘密任務を遂行する世界市民的で哲学的なスパイに取って代わられてしまった。

ここで重要なのは、リーの映画の受容における合衆国と日本のパラレルな関係である。戦後直後の非対称的な力関係を反映した『ゴジラ』／*Godzilla* における奇妙なジェンダー化された関係とは異なり、両国のそれぞれのリーへの関心のありかたの類似性は、合衆国と日本の共犯関係と、アジアに対する特権的な力関係を指し示している。リーの映画が、比較的遅れて西洋と日本の市場に参入したことは、戦後冷戦期における日本とそのアジアの隣人たちとの断絶を浮き彫りにしている。一九七〇年代初頭のリーの最初の三本の映画は、香港、台湾、東南アジアできわめて人気があった。やがてリーの人気は、ハーレムからトリノまで、ロンドンからベイルートまで、と量的には世界的になるが（Prashad 2001）、世界で同時に人気を博したわけではなかった。四方田犬彦（2005）が述べたように、（第三）世界の他の地域に比して、リーの映画の公開は日本では比較的遅かった。『燃えよドラゴン』の封切りは、リーの早逝の五ヶ月後の一九七三年一二月だった。ほとんどのアジア諸国と異なり、最初のリーの映画はアメリカ（ワーナー・ブラザーズ）で制作された英語の作品だった。(8) 彼の映画は、「アメリカ産のオリエンタル・アクション映画として宣伝され、「カンフー」や「ブルース・リー」という語は、外来語を示すカタカナで記された」（Yomota 2005：20）。それに対して、韓国ではリーはハングルの発音でイ・ソリョンと呼ばれた。こうした歴史的「事故」が指し示しているのは、「アジア」や他の「第三世界」とは異なり、日本でのリーの受容は合衆国にかなり

（8）『燃えよドラゴン』は一九七三年八月にアメリカ公開され大きな興行収益を得た。翌年一月に香港で公開されたが、観客動員は振るわなかった。しかし、一九七四年から一九七五年にかけて、日本では大成功を収め、その後香港時代のブルース・リー映画三作品が公開された。

近いものだった、ということであり、それは日本と「アジア」の間の時間的・空間的非対称をさらに浮き彫りにする(9)。つまり、一九六〇年代後半から一九七〇年代初頭にかけて、日本は他の「アジア」と共通する意識をもっていなかった、ということである。ヨハンネス・ファビアンのよく知られた言葉を借りれば、日本はアジアとの「共時性 co-evalness」を欠いていたのだ。順序が逆の、アメリカ化されたリーの日本における受容は、『怒りの鉄拳』などに見られる反日的で文化ナショナリスト的な感情に対する日本の観客の反応を和らげた。日本の観客は、映画での敵役の日本人の描き方について、みっともないカツラや袴を後ろ前に穿いた姿をとりあげ、戯画として、また誤解されたステレオタイプとして片付けた。つまり、リーの映画の反日的要素は笑い飛ばされ、その歴史的重要性ははぎとられ抑圧されたのだ。日本人の『怒りの鉄拳』の受容は、この映画が長きにわたって与えてきた反日感情と国民感情への影響に対して、劇的なまでに好対照である。リーは日本人観客の心に響くようなキックとパンチを繰り出したが、彼の裸の上半身には反日主義と反帝国主義の傷はもはや刻まれていない。

文化的表象としてのゴジラとブルース・リーは、東アジアの戦後冷戦体制における政治的不可能性のなかのある反逆の可能性を示す徴候である。それぞれが示す象徴的な反米主義と反日主義は、欲望と空想の場を表象する。そして、それらは実際の反抗の手段が選べなかったり許可されていなかったりする文脈において、歴史的現実には「固定」されない社会不安を投影している。未解決の脱植民地化の問題――日本の戦死者としてのゴジラ、中華文化ナショナリズムとしてのブルース・

リー――が今もわれわれとともにあるという事実は、この地域のあらゆる和解や統合の過程を阻む政治的泥沼を指し示している。アリフ・ダーリクが警告したように、「植民地主義とその遺産にとらわれすぎると、過去が現在の現実を支配しているという極端な見方に進んでしまい、現在再構築された権力――とりわけ、植民地の過去の再考を既にうながしている資本主義と国民国家の活動の変化――による過去の遺産の再編成を看過してしまう。」(Dirlik 2002 : 429) 本書の続く章で論じるように、反日主義の形式をとる東アジアの文脈における植民地主義と帝国主義の問題は、ポスト社

(9) 四方田 (Yomota 2005) によれば、この遅れには複数の理由がある。一つは、香港のスタジオ、ゴールデン・ハーベストのレイモンド・チョウの考えでは、日本人は中国と香港に偏見を持っているため、日本を有力な市場と考えていなかったことである。また、彼は、日本の観客は『怒りの鉄拳』における日本人に対する否定的な描き方をよく思わないだろうと考えた。一九五〇年代から六〇年代にかけて、ショウ・ブラザーズとキャセイは日本に関する映画をいくつか作っていた。ショウ・ブラザーズは、中平康や井上梅次や西本正といった監督やキャメラマンを用いてアクション映画を制作していた (Yomota 2005: 17)。しかし、日本の映画産業は、香港映画が東南アジアで大人気だったにもかかわらず、香港映画にまったく関心を示さなかった。そのため、チョウが香港映画の輸出に積極的でなかったことは納得できる。第二に日本の映画産業は一九六〇年代の香港映画の影響力や市場の範囲に関する情報を持っていなかった。中国の社会主義映画は何本か公開されたが、中国人への偏見は強く、プロモーターや配給主は、ブルース・リーを、漢字表記ではなく、外来の借用語に用いるカタカナ書きにすることを求めた。韓国では、漢字名の韓国語発音で「イ・ソリョン」と呼ばれたのに対し、日本人は、ブルース・リーを〔西洋風の〕カタカナ書きで知ることになった。

会主義の中国の経済格差への不安や、韓国の家父長的ナショナリズムに対する正義の要求、戒厳令後の台湾での文化的アイデンティティの再評価といった事態と内在的に結びついている。しかし、台湾においては、反日主義は、その抑圧された他者である親日主義を随伴する。これらの感情は、文化主義的でも永続的なものでもない。それらは、刻一刻と変化する歴史的結合によって条件付けられ、文化的表象によって媒介される。私が言いたいのは、これらの相反する「日本」への感情は、現実の日本や帝国日本と関係しているというよりむしろ、ローカルな危機と不安の投影と動員と深く関わっている、ということだ。つまり、反日主義（と台湾における親日主義）が東アジアの集団心理にはっきり存在し続けているのは、それが帝国日本からの脱植民地化の失敗の反響であると同時に、現在のグローバル資本主義下で増大する不安定性に対処するためにナショナリズムの感情を刺激するからである。

反抗の形式が他に使えないときに、「ナショナリズム」が、それぞれ反米主義（ゴジラ）と反日主義（ブルース・リー）として読み解かれるコンテンツを映画の形式に提供したことは必ずしも驚くべきことではない。私はここで「ナショナリズム」を引用符で囲んだが、それは、ナショナリズムを、あるいはより適切に言えば、ゴジラとブルース・リーを取り巻くナショナリズムの感情を理論化する複雑さを示すためである。続く各章の目標は、反日主義との関連におけるナショナリズムの限界と、準国家的かつ国境を越える形の脱植民地化の節合への態度を指し示すことである。

第2章 「日本鬼子」
——中国における反日主義の条件とその限界

二〇〇五年に中国の複数の都市で起こった反日デモは、視覚的で仮想現実的なメディアの広がりによって、反日主義の新たな時代の幕開けとなった。集会の様子はテレビ放送やユーチューブ、ネット中継によって広く拡散された。抗議者たちは携帯電話で動員され、インターネットの掲示板で議論を重ねた。中国当局によってデモが鎮圧されてからも、反日運動についての意見や動画、音声ファイルをブロガーたちが投稿し続けた。こうした視覚的で仮想現実的であるという顕著な性質により、日本に対する中国人の激情と憤怒のイメージが溢れかえることになった。ある日本のニュースは、上海で日本車を運転していた中国人の女性が涙を流している姿を伝えた。彼女は、若い男性を中心とする抗議者の群衆から卵を投げつけられ、罵詈雑言を浴びせられていたのだ。彼女が群衆に赦しを乞うている間、車の後方の窓に貼ってあった「日本製品をボイコットしよう」という小さなステッカーをカメラは捉えていた。別のあるインターネットに投稿された画像では、「打倒日本軍国主義」という横断幕を背景に、おもちゃのマシンガンを持った少年が父親に肩車されている。「国恥を忘れるな」と書かれたポスターを掲げる少年の写真もある。ラップ音楽とアニメーション、そして南京大虐殺のおぞましい写真をミックスしたあるフラッシュ動画は、日本人の抹殺により国家的恥辱への復讐をしようと中国人を煽り立てている。

二〇〇五年のデモは、その発生と同じくらい迅速に収束した。その主な理由は、抗議の収拾がつかなくなれば対日関係に不可逆的なダメージが及ぶだろうと中国政府が懸念したことにある。しかし、この二〇〇五年の出来事からは、政治的抗議活動一般について、そして特に中国の反日主義について考えるにあたって多くの新しいパラダイムを見出すことができる。第一に、インターネットとニューメディアの時代においては、政治的抗議活動は必然的に多層的――ローカル、ナショナル、リージョナル、そしてグローバル――なものになり、その組織形態は階層的で集権的なものではなく、リゾーム的で分散的なものになる。コンピューターや携帯電話、ビデオカメラなどのマルチメディア／モバイル技術は、従来的な意味での記録をするだけではなく、画像編集して、伝達し、予期も意図もしなかった形で出来事に新たな意味付けをすることを可能にするものだ。ブログやチャットルーム、ビデオゲームは政治闘争の新たな場であり、戦闘的な言葉や攻撃的な画像、疑似的な殺戮が相互作用的に生成し、循環し、消費される。そこでは「意図」や「真実」、「事実」はカギ括弧つきの言葉として留保に付されることになる。

第二に、一九八〇年代における教科書問題をめぐる日本への抗議が主に学生を中心としたものであり、大学のキャンパスに限定されていたのに対して、二〇〇五年のものは、中国に勃興しつつある中間層が動員され参加したものであった。抗議活動が繰り広げられたのは、高層ビルやショッピングモール、大通りといった大都市の中心部であった。このような中国の「平和的台頭」という新たなイメージは、中国が発展途上の共産主義国であるという多くの日本人のステレオタイプな印象とは、まったくそぐわないもののように見受けられた。しかし、二〇〇五年の出来事で現れた中国の姿は、戦後に形成された日本人の紋切り型の中国観を打ち砕くものであったのだ。溝口雄三（2005）が論じたように、中国の実像と日本における理解の解離が指し示すものは、日本がグローバル・サウスと共通経験を持たなかったという歴史的事実であり、さらには日本のアジア観が完全に時代遅れなものであるという現実である(1)。

第三に、都市空間や仮想空間において感情――怒気、憤慨、熱狂、さらには歓喜――が氾濫したことで、感情や情熱、希望や純然たる歓喜を真剣に検討して、大衆的なナショナリズムの心情が持つ力を認識する必要に迫られることになった。政治動員の説明的側面だけでなく、情動的な側面も理解するためには、記憶とトラウマから情熱と憤慨への変化を捉えなければならない。それは、歴史的な事象がどのようにして人びとの大衆意識に記憶しなおされるかを探ることでもある。端的に

（1）ここに見られる戦後の冷戦期におけるアジアとの同時代性の欠如は、日本人のブルース・リーの受容と同様である（第1章参照）。

言えば、地政学は生‐政治とともに分析、理解、理論化されなければならない。

植民地支配や帝国主義的支配を受ける側は劣っているのだという誤った認識を植え付けるための植民地主義的な言説に利用されるさまざまな文化技術――イメージ、メタファー、物語、階層化など、デイヴィッド・スパーが言うところの「帝国の修辞学」（Spurr 1993）――に対しては、批判的コロニアル研究 Critical colonial studies がこれまでも注意を促してきた。他方で、被植民者が抑圧者に対して「触発する言葉」（Buttler 1997=2004）を行使したり、植民者の横暴さを表象するために煽動的なイメージを利用したり、抑圧者の暴力や残虐行為の記録を想起させたりする方法については、あまり学術的な関心が払われてこなかった。

この章では、日中関係における一つの事例に注目したいと思う。それは、中国の大衆文化における「日本鬼子《リーベングイズ》 Japanese devils」という言い回しである。この「ヘイト・ワード」の役割は、帝国主義的な暴力による必然的なトラウマに起因する情動的な承認の政治にあるということを論じる。とりわけ、中国の反日主義とは、日本についてのものというよりは、近代史における日本との非対称的な力関係を通して形成された中国の自己イメージに関するものであると議論する。最後に、松井稔のドキュメンタリー『日本鬼子』（二〇〇一）の分析を通して、日本人の監督とインタビュー対象である元日本兵が、この民族的な罵り言葉を引き受けることにより、日本の戦争犯罪に対する自己批判的で思い切った重要な証言をしていることを示す。加害者の告白により、加害者と被害者の間に求められている対話の可能性の空間が切り拓かれるのだ。

中華帝国における「鬼子」

日本人を指す中国語の軽蔑表現として、「日本鬼子」は「小日本《シアオリーベン》」と並び、最もよく使われるものだ。侮蔑や軽侮、憎悪、嫉妬の感情を呼び起こすものであるという点において、政治的ないし社会的に便利な表現である。しかし、従属的な立場に置かれている他者に対する名付けや発言であるヘイト・スピーチと異なり、こうした反日表現は、日本人に対する中国人の従属的な立ち位置を、少なくとも象徴的に反転させようとするものである。この意味において「小日本」や「日本鬼子」は、日本や日本人について言及するものであるというよりは、劣った野蛮な日本や日本人にたいする中国の優位性を（再）確認する儀礼的な文脈につながるものだ。日本の大衆文化のグローバルな消費の現状について、日本のアイデンティティそのものではなく、消費者の頭の中で描かれる日本という観念についての消費であるという指摘があるが、それと同様に反日主義から読み取れるものは、日本そのものというより、反日を言い募る主体の立場である（Ko 2003）。この意味で、これらの中傷表現は内輪の議論に留まるものだ。情熱と情動は閉鎖的なコミュニティの中で儀礼的に製造され、循環し、消費される（攻撃の相手である日本人が実は中国語がわかると気づくと、このような内輪のやり取りは困惑とともに収束する）。

「鬼子《グイズ》」は死者の霊や魂を意味する「鬼《グイ》」という言葉からきている。この言葉は怪物や未知のものを指すときにも使われる。「鬼方《グイファアン》」や「鬼国《グイグオ》」は、「蛮族」が住む遠方の異国を指すようになった。帝国主義の全盛期、とりわけアヘン戦争後には、外国人を見下す表現として新たに「鬼子」が使われた。清の時代には、もともと海外から来た西洋人を「洋鬼子《ヤングイズ》」と呼んでいた。ここで重要なことは、「中国人」と「鬼子」の区別は、前近代における文明と野蛮を華夷に二分する世界観に依拠していることだ。これは人種区分に基づく西洋近代の植民地ヒエラルキーとも異なるものである。帝国主義における西洋中心主義が人種の言説により文明化の使命を正当化しようとしたのに対し、中華思想は文明の言説により覇権の正当化をしていた。日本が中国大陸に侵略してから、「洋鬼子」と区別して、日本人が「東洋鬼子」や「日本鬼子」として知られるようになった。抗日戦争中、そしてその勝利後になって、「鬼子」というのが「日本人」と同義となり、今日に至るまでよく使われる嘲りの表現となった。

もっとも、対中侵略の最中においてさえ、常に日本人が極悪非道であるとされていたわけではない。武田雅哉（2005）が示したように、日清戦争から抗日戦争に至るまで、日本人を指すときによく使われた単語は、や「倭人《ウオーレン》」（隷属する人の土地、背の低い人の土地）や「倭国《ウオグオ》」などのように「倭《ウオー》」（隷属する人、背の低い人）であった。古くは一世紀の中国の古典籍に記録されている言葉である。ここでもまた、自己と他者の区別が、主権を有する国民国家や国民についての近代的な発想に基づくものではなく、中華思想の華夷秩序の世界観に依拠していることを強調したい。武田によれば、一〇世紀ごろから公的な言説では「倭」を使うことが少なくなり、地理的な名称である「日本《リーベン》」や「日本国《リーベングオ》」、「東瀛《ドンイン》」に代わった。日清戦争が始まってから、中国の東方の敵国を指すために「倭」が再び使われるようになったのである。武田は「倭」の復活の理由については議論していないが、中華思想による地域秩序を維持しようとする不遜な試みであったのかもしれない。武田が研究の素材とした『点石斎画報』〔一八八四年に上海で創刊された絵入新聞〕に描かれている、清軍の優越性と日本人の文化的劣等性の宣伝からも、中華思想の秩序を見せかけでも維持しようとする願望が窺える。その秩序は、アヘン戦争以降徐々に分解され、日清戦争後に完全に崩壊したものだ。抗日戦争の時期になると、「倭」は一般的に使われることがほとんどなくなり、「鬼子」や「侵略者」、「敵人」、「日寇」などに取って代わった。日清戦争中に日本人や日本を「倭人」や「倭国」と呼んだことは、華夷秩序に依拠した中華帝国から近代的な国民国家をもとにした植民地帝国への移行段階として機能したのではないだろうか。

華夷秩序とは、「華《ホワ》」（漢民族の中国人、文明）を「夷《イー》」（古代中国における東方の部族、野蛮）から区別する政治地理学である。華夷秩序は静的なものではない。中国の領土が歴史を通じて拡大するにつれ、「夷」が「華」に吸収されることはありうるし、実際にあった。それでも、宇宙の中心を意味する「華」が脅かされることはあり得ない（Sun Ge 2010：18）[(2)]。端的に言えば、「華」は代替不能なものであり、日本人の事を「倭人」や「倭国」と呼ぶのは、中華帝国における差異を管理するという中華思想を継続させるものであった。

（2） 孫歌はこの華夷秩序について、香港がイギリスに割譲された時の事例を挙げている（Sun Ge 2010）。「華」が「夷」を鎮める行為として清の官僚に理解されていた。

しかしながら、日本の儒学者は、華夷秩序をより流動的なものとして捉えていた。地理的な中心－周縁を文明－野蛮に当てはめる秩序としてではなく、「華」と「夷」という言葉は交換可能な二つの「政治文化の尺度」であると理解されていた。たとえば荻生徂徠は、「華」と「夷」は固定的な分類ではなく、古代の賢王の教えを忠実に守っているかどうかによって、「華」が「夷」に転落したり、「夷」が「華」に上昇したりする可能性があると論じた（Sun Ge 2010：18の引用より）。抗日戦争中に「鬼子」という言葉が出現したことは、日本や日本人についての新たな呼び方が表れたことを意味するだけではなく、中国という想像の共同体が表れたことを意味するものでもある。すなわち、中国の世界観の中での日本の（従属的な）立ち位置を中華思想に立って理解するのが「倭」であるとすれば、その世界観が終焉を迎え、新たに構成された近代的な帝国主義システムの中での中国の（従属的な）立場に暗黙裡に気づいたことを「鬼子」は表している。要するに、「前近代」の中華思想的世界観を名指しているという点において、「倭」は時代錯誤なものになったのである。

抗日戦争における「鬼子」

「抗日戦争の意義」と題した一九三七年の演説において陳独秀は、抗日戦争は一時的な感情的な反応ではなく、長い歴史的意義を持っていると論じている。彼は、李鴻章の洋務運動（一八六〇年代から一八九〇年代にかけての近代化政策）から康有為と梁啓超の戊戌の変法（一八九八年の政治改革運動）まで、そして孫文の辛亥革命から北伐まで、中国現代史上の政治変革を試みる一連の革命運動の中に抗日戦争を位置づける。さらに、陳は戦争の歴史的意義を世界的な帝国主義の文脈で定義し、反帝国主義戦争の中での日本人民を日本の帝国主義者から意図的に区別する。彼は次のように書いている。

今回の抗日戦争は、一時的な感情に基づくものでもなければ、民族的な復讐でもないし、ましてや正義や人道、平和などの空虚な美辞のためのものではない。これは抑圧された民族が帝国主義に抵抗する革命戦争なのである。戦争の相手は日本の帝国主義であるが、それは日本の帝国主義者のことであり、日本人民ではない。なぜなら我々を抑圧しているのは日本人民ではなく、帝国主義的な日本の軍閥政府だからである。戦争の歴史的意義は、帝国主義的な抑圧と束縛から逃れ、中国の独立と統一を成し遂げることにある。(Chen 1937 : 5)

陳が言うには、今回の戦争は南京と東京にある政府の間の戦争ではなく、中国人民全体の動員を必要とする反日本帝国主義者の戦争である。日本の帝国主義に勝利すれば、他の帝国主義国がさらに中国人民を抑圧することを防ぐこともできる。陳の社会主義/国際主義的な立場からは、帝国主義の犠牲者である一般の人びとを帝国主義者から区別することが重要である。この区別はもちろん、日中国交正常化を果たした一九七二年の共同声明を結んだ際に、周恩来首相によって再確認されるものだ。

日本の帝国主義者と一般の日本人との区別は、抗日戦争中に発行されたいわゆる抗日漫画にもみられるものだ。出っ歯で口ひげを生やした日本の帝国主義者の多数の戯画とともに、長続きする戦争に苦しめられている日本人民を描く漫画も多く存在した。厳しい食糧配給の事情や、戦死した兵士の遺骨の帰還、一般人の全面的な犠牲がそこでは描写されている。これらの漫画で強調されているのは、邪悪で利己的な日本の軍国主義の性質とともに、敗色を強めつつある日本人民の苦しみである。戦争協力のために作られた視覚メディアとしての抗日漫画は、中国人の粘り強い抵抗によって日本軍の作戦が最終的に破滅する運命にあることを明確に示す。貪欲で追従的に描かれがちである対日協力者は例外であるが、それを除けば、中国人は当然のごとく英雄的で不撓不屈のものとして描写される。

敵は日本人民ではなく日本の帝国主義者であると明確に定義されているのであれば、最も直接的に表れる敵は日本兵ということになる。抗日戦争期の流行歌の中で敵を名指すときにも、わかりやすい敵としての兵士が持ち出される（Sun Shen 1995）。前述した漫画と同様、聴覚メディアである流行歌も、動員の時代における重要な情動的・政治的役割を担うものだ。行進曲のメロディーと愛国的な歌詞が合わさり、中国人民の歴史と闘争を賛美する。当時の歌の多くは、日本の帝国主義に抗する中国人民の精神を称揚し、人びとに立ち上がり敵に抵抗し続けるよう呼びかけ、中国の人民と国家を称賛し、新中国の始まりを宣言するものだ。日本人に明確に言及する歌もある。それらの歌の中での日本や日本人の呼び方は、「敵人《ディーレン》」や「鬼子《グイズ》」、「日本鬼《リーベングイ》」、「日寇《リーコウ》」、「日本帝国主義《リーベンディーグオジューイー》」、

「小東洋《シアオドンヤン》」、「小日本《シアオリーベン》」、「日軍《リージユン》」、「侵略者《チンリユエジヨー》」のようにさまざまなものがある。

日本人に対する軽蔑表現の中でも、「鬼子」と「日本鬼」は、日本人の殺戮に直接結びつき、歌の中でも最も強い感情を喚起するものだ。「鬼子の頭に向けた長剣」「我らの領土から鬼子を追い出せ」「鬼子を殺して頭を叩き割れ」「最後まで鬼子と戦え」といった歌詞に現れているように、単に「敵人」や「日軍」という以上に、悪魔を（実際に、または想像の上で）殺す行為への情熱と怒りを呼び起こすのが「鬼子」という表現である。「日本帝国主義」や「日軍」というのが中国軍の根気と勇敢さを称賛する歌で使われるのに対して、「日本鬼」というのは日本兵に対する暴力行為を煽動するものである。漫画と流行歌の分析を通して得られる結論は、中国大陸で継続する戦争に伴い、かつて使われていた「倭」は、日本の軍や帝国主義者をより直接的に名指す表現に取って代わったということである。日本帝国主義を指すほかの罵倒語とともに、グローバルな帝国主義の文脈で「鬼子」という言葉は現れた。これらの言葉はより感情的で、死の政治学 necropolitics と心情的に結びつくものだ。しかし、日本人民は日本の帝国主義者から注意深く区別されており、この心情は社会主義時代になってからも継続することになる。

社会主義的想像力における「鬼子」

戦後の社会主義時代には、抗日戦争の記憶がまだ鮮明に残っており、中国共産党政権の正統化に重要な役割を果たした。反帝国主義の国際的な闘争という点においても、中国の統一という点においても、抗日戦争は決定的な意味を持っている。中国人民の抵抗の到達点として、そして中国ナショナリズムのシンボルとして、共産党と国民党の双方が自らの成果であると主張する。共産党にとって、日本人と国民党の双方に対する長年の闘争の末にあった抗日戦争は、自らの正統性を確立するために不可欠なものである。一九五〇年代から一九六〇年代にかけては、抗日闘争を主題とする大衆映画が数多く作られ、多くの人に鑑賞された。これらのいわゆる抗日映画は、日本人に対する共産党の戦いを再現する体裁を取って、そのゲリラ戦略と社会主義イデオロギーを過大評価するものであった。言い換えれば、これらの抗日映画は日本についてのものというよりは、中国という国家の形成についてのものである。さらに言えば、これらの映画では「鬼子」や「日本鬼子」が日本人の呼称として普通に使われているが、日本人をステレオタイプ化された滑稽な人物として描写する傾向がある。恐れられるものというよりも、嘲笑されるものなのである。彼らの死はしばしば誇張され、コミカルでさえある。実際の抗日戦争中のような怒りを喚起するものではなく、観客の笑いを誘うのだ。喜劇的で時には馬鹿馬鹿しい表現を笑うことで、戦争のトラウマから逃れることができたのである（Xu 2007：66）。

『地雷戦』（1962）や『地道戦』（1965）のような古典的な映画は、舞台設定を日本人への抵抗が高まった時期に据えつつ、社会主義的な美徳である集団主義や人民主義、男女平等、自立性やゲリラ戦略を称賛するものだ。映画のタイトルからもわかるように、村人や農民のような一般人が、現地の技術や地形の活用に真摯に取り組む。たとえば、女性の長い髪を使って地雷を起爆したり、地下トンネルを繋げてそこに隠れ、日本軍への破壊工作をしたりするのだ。八路軍〔共産党軍〕が一般人と共産党の間の協力関係を強めることにより、人びとの戦いはさらに強固なものになる。このような相乗効果があったからこそ、中国人の抵抗は、最終的に日本帝国主義の装備の整った近代的な軍隊に打ち勝つことができた。

こうした映画に繰り返し現れるもう一つのモチーフは、中国人の対日協力者である。この裏切り者（漢奸《ハンジエン》または走狗《ゾウゴウ》）の役割は、「悪い」中国人から「善い」中国人を区別する上で重要である。対日協力者は、英雄的な中国人の中での唯一の反例として機能し続ける。このような裏切り者の登場人物は、通訳や従属的な仲介者として、日本人の考え方を表現したり、日本人の要求を伝えたりするためにも使われる。

これらの映画に現れる「鬼子」は、村を攻撃して村人を支配しようとする軍隊の指揮官というのがお決まりである。こうした日本人の登場人物は、抗日戦争中の漫画にあったような、人相が悪く、権威主義的で狡猾な描写を引き継いでいる。彼らはしばしばわかりにくい日本語でわめいていて、まるで日本帝国主義の残虐性を体現したかのようである。予想に違わず、これらの指揮官は映画の最後で死を迎え、観客は中国人民の英雄的な勝利を喝采することになる。ここで興味深いのは、日本人の悪役が死ぬときに、荒唐無稽とまでは言わないにせよ、概してユーモラスな死に方をするという点である。会話の場面では「鬼子」というのが普通に使われるが、映画のラストシーンは勝利をたたえる行進曲で終わり、日本人を総称的な「侵略者」と呼ぶ。

『地雷戦』と『地道戦』のどちらにおいても、日本の帝国主義者は個人の兵士によってではなく、架空の団結によって殺される。『地雷戦』のラストシーンで、中野中隊長は逃走しようとするが、乗っている馬が女性の兵士により撃たれてしまう。よろめいた彼は、村につながる唯一の道の脇にある「鎮妖石」と刻まれた巨岩にたどり着く。彼は「侵略者之墓」と記された木標を見つけ、さらに幽霊のようにまとわりつく爆弾の幻影を見る。刀を大きく振りかざしてその爆弾を払いのけようとしたとき、爆発が起きる。そこで戦場の場面にカットが移り変わり、侵略者に対する人びとの創意と粘り強さを称える勝利の歌が流れる。

『地道戦』の日本人指揮官にも同じような死が待ち受けている。ゲリラ戦士によって巨大な洞窟に捉えられ、武器として持っていた日本刀を捨てるよう何度も命じられる。指揮官がそれを拒んだところで、銃声が一斉に響く。そこでシーンが変わり、開けた場所で主人公が彼を掴み、中国人民が勝利を祝う姿を見せつける。侵略者に対する人びとの勇気をたたえる音楽とともに祝福のシーンが続く。ここで重要なのは、単独で描写される「日本鬼子」の死が、中国人民の集団的な勇気と工夫によってもたらされたということである。対日協力者はおおむね特定の中国人の登場人物によって倒されるのに対して、「日本鬼子」は団結した共同の努力によって象徴的に撃退されなければならないのだ。

「日本鬼子」のカリカチュアによって構築されるのは、抗日戦争の英雄的かつ肯定的な記憶である。日本軍指導者のコミカルで滑稽な描写は、共産主義者の集団的な努力の勝利と先進的な性格を強調するものに過ぎない。社会主義的な国家建設の時期における「鬼子」とは、毛沢東と共産党の指導の下での中国人民の活力と創造力を示すための小道具でしかなかったのだ。中国人にとって、第二次世界大戦の歴史とはすなわち抗日戦争の歴史であり、数十年に及ぶ「国恥」を経た中国人の自己像に不可欠なものである。彼らにとって戦争とは、旧中国から新中国へのターニングポイントであり、社会主義の勝利の先駆けであった。それは、すべての中国人民の愛国的な闘争であり、中国人の団結の必要性を確認するものであった。そして、国際的な反ファシズム闘争の一部分としての世界史的重要性を持つものでもあった（Dirlik 1991：51）。

ポスト社会主義ナショナリズムにおける「鬼子」

一九五〇年代から一九六〇年代における抗日戦争の肯定的な歴史が、一九八〇年代から一九九〇年代には中国が犠牲になったという否定的な歴史に徐々に移行した（Callahan 2007, 2010）。戦後の冷戦期において抗日戦争は、中国の結束と共産主義の正統性を示すものになっていた。しかし、一九七〇年代以降、社会主義経済は急速に変容することになる。それに伴い、ポスト社会主義のグローバル化時代の中国に導入された市場経済がもたらす格差や不満に対処する新たなイデオロギーが必要になった。既に一九八〇年代半ばには、ポスト毛沢東時代の改革が困難に突き当たり、成長への起爆剤としてナショナリズムの感情を利用する兆しが表れている。教科書や靖国の論争から見て取れるように、日本では政治的な力が経済的な力に釣り合っていないという感覚が生まれていたが、それに伴い中国でも大衆的なナショナリズムが勃興した。このときは、とりわけ南京大虐殺のように中国の犠牲の印象を強めるものになっている。(3) この社会主義からナショナリズムへの変化は、政府によるさまざまな反日デモの黙認と人びとの感情の高まりとの絶妙なバランスに部分的に表れている。それゆえ一九七〇年代から一九九〇年代にかけての反日主義は、日本のナショナリズムの勃興を牽制しつつ、大規模な経済改革により人びとの不満が高まる中で政権を正統化する役割も果たしているのである。

一九八〇年代には、反日デモは通常は学生運動のかたちをとり、基本的には大学のキャンパスに限られていた。二〇〇五年の抗議運動は全国規模で発生して、インターネットなどのニューメディアにより動員が行われた。いわゆるネット社会の一般的な現象として、携帯電話のようなモバイルインターネット端末は急速に政治活動の重要な場となってきている。しかしそれだけでなく、いわゆる開発主義国家においても商業、通信、娯楽、運動の不可欠な一部分ともなりつつある。その無政府的な性質、非直線的な構造、そしてどちらかといえば開放的で脱国境的な特性ゆえに、少なくとも理論的には、あらゆるユーザーが地域や世界のことについて政治的な意見を表明することができる。しかし、技術とは社会的なものであり、見かけ上は中立的で普遍的なメカニズムのようであっても、その利用方法や影響は、ユーザーの特定の文化的・歴史的文脈に大きく左右される。日中両国の大衆ナショナリズムの高まりについて、こうしたインターネット文化の観点からは複数の解釈ができる。とりわけ、歴史意識の欠如が指摘されがちな若者についてはそうである。

たとえば阪元留美とマット・アレンは、日本での反アジア的な漫画の人気の高まりを、若者の間のナショナリズムの台頭と同一視すべきではないと説得的に論じている（Sakamoto and Allen 2007）。『嫌韓流』のような扇動的なタイトルが人気を博しているのは、熱狂的なナショナリストの若者が韓国や韓国人を中傷する作者を支持しているからではない。この漫画はもともと大手出版社のウェブコミックとして発行されたものだが、そこで不正な検閲があると考えたネットユーザーが、それに反感を抱いて漫画を後押ししたのだ〔正確には、当初作者のウェブサイトで発表され、それを書籍化する際に多くの出版社に断られたというニュースが広まった〕。ネットユーザーは『嫌韓流』をアマゾンのトップテンリストに入れるためのキャンペーンを発売前から行い、それまでの販促手段では想像できないほどの規模の流行を生み出したのだ。

しかし中国では状況が大きく異なる。ジャック・チウ（2004）が論じたように、開発主義国家である中国は、技術的競争力を獲得して、国家を立て直すための明確な取り組みの一環として、インターネットを普及させた（Qiu 2004：106）。このテクノナショナリズムには長い伝統があり、孫文から毛沢東に至るまで、常に中国の指導者の主要な目標であった。中国政府は当初コンピュータ

（3）　ここでは一九八〇年代前半の教科書問題を指している。第二次世界大戦中のアジアにおける日本の侵略を軽視することを狙った修正が、日本の高校の教科書に加えられた〔と報じられたが、実際には誤報だった〕。靖国問題とは、日本の政府高官が、戦死者を祀る神社へ毎年参拝したことがもたらした騒動を指す。

ー・ネットワークを経済の領域で導入しようとしたが、草の根のユーザーたちは、この新たなテクノロジーを、抽象的な仮想空間から社会的意味に満たされた実体的な場所へと変え続けてきた。掲示板やオンラインゲーム、P2P技術などの様々なチャンネルを通じたインターネット上のナショナリズム運動やハッカー集団、若者文化やゲイ・レズビアンのグループ、反体制派。これらさまざまな草の根の動きが、中国のネットユーザーのネットワークにおける複雑に入り組んだ社会勢力の万華鏡を生み出したのだ（Qiu 2004：102）。

中国におけるオンラインの抗議活動は一九九六年九月に始まった。日本の釣魚島占拠についてのもので、北京大学の「未名BBS」を舞台としていた。それ以降、インドネシア（一九九八年夏）やNATO（一九九九年五月）、台湾（一九九九年七月）、日本（二〇〇〇年一月、二〇〇一年二～三月）、アメリカ（二〇〇一年四～五月）をターゲットにした大きなオンライン抗議活動が行われてきた（Qiu 2004：116）。このようなオンライン活動は、危機が起こってから一週間以内に発生して、動員の調整や行動の計画をするのが典型である。興味深いことに、オンラインでの愛国主義のグループができるのも早いが、多くの運動はそれを警戒する政府当局からの圧力をうけてさらに急速に収束する。この突然の出現と急速な収束が意味するところは、中国のサイバースペースでの草の根ナショナリズムが、組織的な市民参加形態や持続的な社会勢力ではなく、むしろ瞬間的な政治的突発事件に過ぎないということである。それにもかかわらず、チウによれば、「ナショナリズム言説は中国のインターネット上の政治空間に浸透しており、個人レベルで文化的アイデンティティを形成する中心的役割を果たし続ける。なぜなら、左右双方の近代主義イデオロギーと異なり、ネットユーザーの大部分に受け入れられるとともに、政府にも推奨される唯一のナラティブ構造だからである」（Qiu 2004：116）。

　掲示板やブログでの議論だけでなく、インターネットではテキストとイメージ、音声の組み合わせが可能であり、テキストベースの表現以上のものを伝えられる場ができている。動画中継やポッドキャスト、フラッシュ動画が絶えず製造され、ミックスされ、切り貼りされ、消費されている。これは政治活動と娯楽の境界を曖昧にするものだ。二〇〇五年の反日デモの頃から、日本人を侮辱してナショナリズム感情を煽ることを狙ったさまざまな短いフラッシュ動画がインターネット上で増加している。そのような短編動画では、「日本鬼子」や「鬼子」が日本人を指すときの一般的な言葉となっており、ここにはそれ以前の形態とは大きな違いがある。これまで見てきたように、中国近現代史の大半を通じて、日本人民を日本の帝国主義者から区別する努力が意識的にされてきた。ポスト社会主義の大衆ナショナリズムが煽り立てているのは、日本と日本人についてのこれまでとは異なるカテゴリーである。国家の敵とされているのは、もはや帝国主義者ではなくて、日本人なのだ。それまでの時期には、「鬼子」が抗日戦争や社会主義革命の積極性を強調する狙いを持った表現だったが、いまや「鬼子」は明確な敵、すなわち日本と日本人に向けられているのだ。

　ここで二つの事例を紹介したい。ネットゲームの「打鬼子《ダーグイズ》」（鬼子叩き）は、ゲームセンターによくあるもぐら叩きゲームの形式に沿ったものだ[4]。遊び方の説明の画面では、四×四の格子状に並んだトンネルのようなものの中から、アニメ化された日本兵がもぐらのように出たり入ったりすることが示される。マウスを動かして、左クリックすることで兵士を叩くようユーザーは指示される。ゲームが始まる前のメイン画面の左側に表示されているのは、中国を表す赤い星からロープが吊り下げられ、それにつかまっている日本兵が前後に揺れている様子である。右側には、ゲームの背景を説明するテキストがある。そこに書かれているのは、死傷者三五〇〇万人という膨大な人的・物質的犠牲を払いながら、抗日戦争を通して、民族の勝利と独立を獲得したという内容である。しかし、そのように必死に手に入れた勝利であるにもかかわらず、現在新たな現実に直面している。日本の不当な軍拡、釣魚島に対する厚顔無恥な主張、南京大虐殺の否定などがそれである。そこでこのゲームは、「さまざまな恥知らずな行動により、ついに全ての日本人が抱いている「支那人心理」や日本軍国主義の魂について、否応なしに理解することになった」と主張する。それまでの日本人民から日本軍国主義を区別する意図的な努力と異なり、今日の反日主義はこの両者を一つの共通の敵として一緒に扱うのだ。

サイバースペースにおいて日本人を「鬼子」と同一視しているもう一つの事例は、「抗日打鬼子」と題したフラッシュ動画で、〝Kill Them Together（皆殺しにせよ）〟という英語のタイトルもつけられている。(5) アニメーションとラップが合わさったこの短い動画は、恥知らずの日本人に復讐して、愛国心を発揮するよう中国人に求めている。四分間の動画の中で、中国中心的な世界での日本の従属的な地位、日本の中国侵略、南京大虐殺、戦後日本のアメリカ依存といった長い歴史を振り返る。

そして、龍は必ず立ち上がり、復讐に備えていることを伝える。日本に落とされた二つの原爆だけでは罰として軽すぎるという怒りのラップが刻まれる。そして、戦場を軍事から「文化」に移すことを主張する。日本企業や大衆文化などの日本の「ゴミ」に抵抗するよう中国人に呼びかけ、日本の大衆文化を消費する若い中国人は、歴史意識の欠如した裏切り者同然であるとするのだ。

テクノロジーそのものの形式と構造からして、インターネット上の反日主義の影響を評価するのは難しい。先に引用した事例は、ナショナリズム的な意図を推し進めるものでありながら、ナショナリズムをゲームやラップという遊びと明確に結びつけている。今日の中国のサイバー世界における集団的アイデンティティ形成にとって不可欠な二つの潮流がある。それは消費主義とナショナリズムである（Qiu 2004：114）。この「消費者ナショナリズム」の有効性は、その表象の形式からして評価するのが非常に難しい。しかし、確実なことは、サイバースペースにおいてナショナリズムが（制限や制約はあるにせよ）生き残り続けるだろうということである。なぜなら、感情や情熱を自在に発露することが許される唯一の政府公認イデオロギーだからである。さらに重要なことは、テッサ・モーリス＝スズキがマルチメディア時代の歴史学について論じたように、デジタルのハイパー

（4） このゲームは http://www.51windows.net/game/index.asp?field_77 からアクセスできる。
（5） この動画は http://flash.dm.sohu.com/comic/show_44923.html から見ることができる。〔リンク切れ、https://www.youtube.com/watch?v=SAyFWST5y1Y 参照〕

テキストは、同じ出来事についての様々な観点を表明する短文や画像、動画をリンクさせながら提示することに非常に適している（Morris-Suzuki 2004）。しかし、ハイパーテキストは統合よりも断片化を促す傾向にあり、帝国主義や植民地主義、その他紛争一般についての複雑な歴史に由来する幅広い概念的問題に対処することはできない。

さらに、スラヴォイ・ジジェクが議論したように、建前の上では制約が何もないサイバースペースでは、「現実生活」のやりとりを制限するルールが一時的に失効して、ユーザーは、普通は許容されない衝動を「自由」に表明できる。それゆえ、インターネット上のアイデンティティは、現実生活での無気力からの空想上の逃避というだけではない。見せかけ上は虚構でも、自らについての真実が明らかにされているのだ。サイバースペースには終わりなき不確実性がつきものである。「彼らが誰なのかわからない。彼らは本当にその発言の通りの人物なのだろうか？　そのスクリーン上の人物なのだろうか？　そもそもスクリーン上の仮面の背後に「実在」の人物がいるのだろうか？　そのスクリーン上の人物は実は複数の人物が操っているのではないだろうか？　あるいは「実在」の人物とは何らかかわりのないデジタルの存在とやり取りしているだけではないだろうか？」インターネット上でナショナリズムの心情が広まっているにもかかわらず、メディアやその利用の不確実な特性からして、その実際の影響を正確に測定するのは、事実上不可能なほどに困難だ。重要なことは、この歴史的時点において、大衆ナショナリズムが反日主義の形をとっているという認識である。

唯一の非西洋（非白人）帝国主義勢力である日本との関係性の変容に照らして、中国の東アジアにおける相対的地位を確定させようと何度も歴史的試行を示しているのが、中国の反日主義であると論じてきた。それゆえ、反日主義は日本についてのものというよりは、中国の自己像についてのものであり、それは地域内外での中国の立ち位置の文脈に依拠している。中華帝国の衰退、帝国主義の最盛期、社会主義国家建設、資本主義的グローバル化という四つの歴史的段階における日本人に対する蔑称としての「鬼子」の展開の分析を通じて、日本人民から日本軍国主義を区別しようとする努力から、両者のカテゴリーの曖昧化と融合へと、「鬼子」の意味が変容してきたことを論じた。インターネットのようなニューメディア技術は、具体的でありながら捉えどころのない、収束的でありながら拡散的な、新たな中国ナショナリズムの感情の台頭を招いているのではないだろうか。この章の最後の部分では、日本人自らによる「日本鬼子」という呼称の使用に視点を移し、自己再帰的かつ批判的に使われる際の生産的な側面を示したいと思う。

中国の裁きと日本の戦争犯罪における「鬼子」

高い評価を受けた松井稔のドキュメンタリー『日本鬼子』は、八月一五日の靖国神社のシーンから始まる。そこでは好戦主義者と反戦活動家の二つの派閥がそれぞれ主張を訴え、衝突している。軍服を着た元日本兵が戦死した戦友を追悼する一方、右翼活動家が抗議活動をしている人たちの邪魔をして、日本から出て行けと叫んで脅している。平和と日本の戦争の反省を求める男女の集団に対して、超国家主義者のグループがますます興奮して暴力的になる。混沌の中で、攻撃的な群衆たちに向けて嘆願する一人の男性の声が聞こえる。「私たちは遺族です、私たちは遺族です！」戦後の繁栄を謳歌しているかのように見える若者のイメージを背景に、陰鬱な音楽が流れ、監督の意図を説明する文章が重ね合わせて表示される。

聖戦の名のもとに、侵略戦争の銃を握らされた私たちの祖父や父。彼らは戦争で何をしたのか……戦争の被害については多くのことが語られてきたが、加害については沈黙、否定されてきた。被害の体験は語り易いが、加害の体験は語り難い。しかし加害体験こそが戦争の真実、人間の弱さと恐ろしさを明らかにし、再び過ちを繰り返さぬための歴史の教訓を伝える。

自己再帰的で批判的な立ち位置もさることながら、この映画においておそらく最も痛烈で胸を打つのは、「彼らは戦争で何をしたのか？」というシンプルな問いである。『日本鬼子』ではこれに続き、一四人の元日本軍兵士による中国東北部での暴力、残虐行為、強姦などの凶悪犯罪の告白が記録されている。彼らの多くは既に八〇代で、戦争体験から半世紀を隔てている。白髪になっているがなお快活で、やつれた様子の人もいるとはいえ、中国でのいつもの「日本鬼子」の表象とは似ても似つかない。普通の服を着て普通の場所にいる彼らは、ハンナ・アーレントがアドルフ・アイヒマンについて記述したように、「悪の凡庸さ」（Ardent 1963）を表している。特に感情を交えることなく、軍隊での経験や個人的ないし集団的な悪行を淡々と話す。無差別殺人や斬首、強姦、放火、生物兵器開発のための人体実験、人肉食。加害者たちの率直で重苦しい告白からは、そもそもそのような行為を可能に（あるいは正当化）した条件も明らかになる。すなわち、天皇制、中国人の非人間化、同調圧力、暴力に対する無感覚（さらには快楽）である。

元皇軍兵士の証言に、新聞の見出しや記録映像、写真が差し挟まれる。女性のナレーターが、中国大陸への日本の侵略のエスカレート、大日本帝国の東南アジアまでの拡大、アメリカやその連合国との全面戦争、そして最終的には原爆の投下と日本の降伏までを説明する。この戦争の時系列はよく知られたものだ。しかし、元日本兵による残虐行為の詳細な描写は、戦後日本の言説でほとんど見落とされてきた「彼らは戦争で何をしたのか？」というシンプルな個人レベルでの問いに対して答えるものだ。映画の終盤になって、彼らの告白の背景と動機が明らかになる。これ自体も、映画の目指すところを危うくしかねないほどに、論争的なものだ。ナレーターが原爆の投下と日本の降伏を説明する際に、この時点で中国にいた推定五七万五〇〇〇人の日本兵の苦境が知らされる。彼らはその後ソ連によってシベリアに抑留され、強制労働に従事させられる。そのとき、帰国を果たせないままに、五万五〇〇〇人が死亡した。一九五〇年七月に、ソ連はシベリアにいた九六九人の日本兵を対中国戦犯として中華人民共和国に引き渡した。彼らは遼寧省の撫順にある戦犯管理所に収容された。敗戦後も残留して、国民党軍のもとに山西省で共産党と戦った人を含む別の一四〇人の日本兵は、山西省にある太原戦犯管理所に収容された。ここまでみてきた『日本鬼子』の一四人の証言者も、これらの施設に収容されていたのだ。

続いて流れる映像は、戦犯たちに医療が施され、豊富な食糧が与えられ、体操や文化活動を楽しむ姿である。周恩来首相と中国共産党の指導のもとでの、元日本兵に対する人道的措置をナレーターは強調する。映像から、収容所に閉じ込められているとはいえ、元日本兵が食事をして、入浴して、遊び、笑い、生活する様子を見て取れる。ナレーターが伝えるところによれば、共産党の寛大な措置は徐々に戦犯たちを深く感動させ、戦時中の行為に後悔の念を抱き始めた。多くは占領中の犯罪行為を認め、中国人に対する謝罪文を書き始めた。「鬼から人へ」(Kushner 2006) の変化の結果、一九五六年六月、中国での六年間の拘留を経て、最高人民法院のもとに特別軍事法廷が開かれた。死亡したり自殺したりした人を除き、収容されていた一〇六二人の日本人のうち、起訴されたのはわずか四五人であった。残りは裁判の後直ちに本国に送還された。

法廷のシーンでは、元日本兵たちが詳細に罪を告白して、被害者の傷ついた身体を目にして取り乱して涙を流す。中国人の生存者の声は聞こえないが、その身体の傷はもちろん、彼らの怒りや感情は、戦犯にとっても映画の観客にとってもはっきりと見て取れる。しかし、加害者の声のみが聞こえているため、彼らが泣きながら告白する姿と相まって、被害者と対峙する際の通常の心情や感情は映画から排されている。被告人には八年から二〇年の刑が宣告されたが、多くは刑期を満了する前に釈放された。一九五六年の六月から八月にかけて、他の一〇一七人の収容者は釈放され、日本に送還された。

元日本兵たちが帰った日本は、かつて出発した時の日本から大きく変わっていた。一九五六年は

「戦後」の終わりであり、その後数十年続く「経済的奇跡」の幕開けを迎えていたことをナレーターが述べる。国家の自信が高まり、アジアにおける日本の戦争の認識が薄れつつある中で、帰還者は共産党の手により洗脳や思想改造をされたのではないかという疑いをもたれた。冷戦がエスカレートする中、元日本兵たちは警察の監視の下に置かれ、結婚はおろか就職さえもできない状況に追い込まれる。特に若い世代に向けて、これまでの戦争中の残虐行為についての沈黙を破ったのは、恐ろしい戦争を二度と繰り返さないようにするためであり、それがせめてもの贖罪であるという元日本兵らの告白によって、映画は閉じられる。

彼らが中国の施設に収容されていたということを、美化するわけではないにせよはっきりと認めており、しかも人道的な対処をされていたという事実は、彼らの証言の「信憑性」を疑わしくするものだ。ナショナリストたちは当然ながら彼らの証言が洗脳や虚偽であるとして拒絶した。リベラルや同情的な人でさえ、慎重な姿勢をとっていた。犠牲者のものであれ加害者のものであれ、証言が様々なレベルで疑いをもたれるというのは今に始まったことではない。韓国の元「慰安婦」（第3章参照）によって繰り返される詳細な証言は、集合的な経験が正しいことを証明して、被害と苦しみの争いようのない事実を提供しようとする試みである。共産党の寛大な許しが、望ましい状況を実現するための政治的計算に基づいていたことは間違いない。しかし、そのことをもって、反省している元日本兵らによる中国の大衆への暴力行為があったという事実をなくすことはできない。彼らの告白が不愉快であり、戦後に生きる日本人にとって事実ではないかのように見えるということそのものが、冷戦期のアメリカのヘゲモニーのもとで脱帝国主義化をしないままに民主主義と非軍事化への迅速な「復帰」が行われたということを物語っている。証言の信憑性についてはさておくとして、ここである明白な問いを投げかけておく必要がある。どうして中国共産党は日本の戦争捕虜に復讐するのではなく人道的に扱ったのか？　戦犯の裁判を行っておきながらすぐにすべての日本兵を釈放した共産党の動機は何か？　中国での日本人戦犯の裁判の歴史的背景を調べることで、東アジアにおいて出現した冷戦構造の影響、そして裁判や元日本兵たちの証言の背後にある動機について理解することができる。私がここで議論しようとするのは、元日本兵たちの告白がより大きな歴史的・政治的要請に条件づけられたものであったとしても、彼らの声に耳を傾け省察する必要があり、とりわけ今日のように日本と大陸中国の間で軍事的・ナショナリズム的な緊張が高まっている状況においてはなおさらであるということだ。

『人から鬼へ、鬼から人へ――日本の戦争犯罪と中国の司法』(2015) という要を得たタイトルの著書において、バラク・クシュナーは帝国日本の行為を中国が裁くという文脈における戦後の法的戦略について詳細かつ包括的な分析を行っている。キャロル・グラックは記憶の領域に四つの種類があるとした。すなわち、公共的なモニュメントや教科書による公式の記念、映画や文学による民間の記憶、個人の記憶、そして記憶についての公的な論争である。クシュナーはこれに五番目として、法的・制度的記憶を加える。クシュナーが言うには、法的記憶が重要であるのは、「平和条約や訴訟、判例など、将来にわたる特別な拘束力を持つ」からである。さらには、「法的記憶は裁判所で記録され、国際関係の基準として使われる。それゆえ、外交政策に影響を与える決定の土台となる。これらの要素が国際法と結びつくと、その影響力はさらに大きくなる」(Kushner 2015：Kindle loc. 488 of 8886)。そのためクシュナーは、中国の戦犯裁判がその当初から、国際法を通して戦後の国際社会に参入しようとする中華人民共和国の国境横断的なパフォーマンスであったと理解する。世界に向けて日本の戦犯に対する共産党の寛大な司法を見せつけることは、日本に対してアメリカの援助に背を向けるよう働きかける中国共産党のプロパガンダの一環であった。

撫順の裁判が共産党のプロパガンダであると認めるとしても、中国による裁判の意義は、東京裁判に対する脱西洋的な批判を提示したことにある。クシュナーは、西洋中心的な東京裁判を、一九五六年の共産党の裁判と対比させる。

東京裁判が平和に対する罪であるA級犯罪を軸としたものであったので、通常の戦争犯罪や人道に対する罪は注目を集めなかった。全体を通して法的な焦点になったのは、戦争の開始や、戦争責任と戦争継続の政策についての論争であった。このように、極東国際軍事裁判は極めて政治面に偏った議論であり、そのメリットがなかったわけではないが、そのために戦時の残虐行為や残酷な軍事行動についての議論はほとんど話題に上ることがなく、そして近年に至るまで歴史学の範疇からも外れていた。(Kushner 2015：Kindle loc. 5620-25 of 8886)

言い換えれば、中国の戦犯裁判は、ＢＣ級犯罪に焦点を当てることで、西洋（アメリカ）による勝者の裁きと対照をなし、東京裁判ではほとんど無視されていた中国の民間人に対する日本の戦時暴力と対峙することができたのだ。昭和天皇を裁判から免除して、少数のＡ級戦犯のみに絞ることで、戦後の日本と、占領統治者であるアメリカは、アジアでの彼ら自身の戦争犯罪をないものにしたのである。

中国共産党のプロパガンダとして利用されたにもかかわらず、中国の戦犯裁判は極東国際軍事裁判と戦後日本で見落とされていた重要な文脈を表に出した。それは、行為への自省と生き残った被害者との対面である。この中国の戦犯裁判は皮肉な形で元日本兵たちに公に話すことを促すものとなった。リンダ・ホーグランドは、元日本兵たちがカメラの前で証言することに抵抗を感じなかった理由の一つには、日本の戦争犯罪に関与した他の多くの下級兵と異なり、中国においてとはいえ既に特別軍事法廷で裁かれており、中国の被害者と対面していたことがあると推測している（Hoaglund 2003 : 9）。戦後のドイツの状況と比較すると、ナチスの戦争犯罪には時効がないので、もし元ナチスが自らの罪を名乗り出たとすれば、年齢や経過した年月を問わず、収監され起訴されることになるだろうとホーグランドは指摘する。かの日本人の証言者たちはほとんど起訴や収監の恐れがなく、皮肉なことにそれにより、日本の軍国主義に抗して公に証言をして、個人の犯罪を認めることができるようになったのだ（Hoagland 2003 : 9）。

旧帝国の領土で捕虜になり、帰還してから戦後の荒廃と繁栄の中で生きた元日本兵の経験と比較することは有用だろう。たとえば原一男の『ゆきゆきて、神軍』（1987）は、元日本兵である主人公の奥崎謙三が、二人の戦友の不可解な死を究明するために、上官を突き止めて対面する企てを記録している。このドキュメンタリーでの被害者は中国の民間人ではなく日本の兵士であるとはいえ、真実を探るための奥崎の独特の方法や彼の暴力癖もさることながら、戦友に対する凶悪犯罪（人肉食）の責任者が否認、はぐらかし、言い逃れをし続けることが見てとれる。奥崎が戦友のために型破りな手法をとらなければならないのは、日本政府がこれまで一人たりとも旧日本兵を戦争犯罪で裁いたことがないからである。

クシュナーとホーグランドはいずれも、旧日本兵と中国人の看守との間の友情が帰還後も続いたことに言及している。中国帰還者連絡会（中帰連、一九五六－二〇〇二）は短命に終わったとはいえ、若い世代が同じ過ちを繰り返さないよう旧日本兵たちが出版や講演活動をするプラットフォームになった。クシュナーの言う中国の戦犯裁判の法的記憶や、ホーグランドの言う帝国的記憶喪失に陥った戦後日本における戦犯の証言という文脈は、『日本鬼子』における洗脳とプロパガンダについての論議を、贖罪や和解、赦しの問題へと移行させるものである。米山リサは、中国の政策と、正義と和解の規範的な経過を辿った帰還者の経験がもたらした「予期せざる結果」について論じている。

中帰連のメンバーの悔悟の念は、戦時中の敵という他者にもたらした損害がどれほど大きく取り返しのつかないものであるかということに、面と向かって思い知らされたことによるものだ。日本人は許されざるものであり、日本の戦争犯罪は償いきれないものだということを自ら学んだ。彼らにとって、寛大な措置は被害者が彼らを許したということではなく、ただ日本の侵略者が「永遠に許されざる者」としてのみ生きられるということを意味するものだ。被害者に対して和解の地平や許しの経済に立ち入ることを要求することなく、ただ自省の実践こそが、侵略者と非侵略者の間での究極的な共約不可能性とそれゆえの条件なしの友愛を生み出した。これによる、デリダの言うところの「アポリア」が、日本の戦犯を国家プロパガンダで意図されていた弁証法から遠ざけている。（Yoneyama 2016：134）

この「条件なしの友愛」が、ここでもクシュナーの表現を使うならば、日本鬼子が再び人となることを可能にしたのである。

第3章　恥辱の身体、身体の恥辱
――「慰安婦」と韓国の反日主義

はじめに

「慰安婦」について書くことは、私にとって容易なことではない。二〇〇七年三月、所属先の大学の学生団体が、元「慰安婦」の金玉先（キム・オクソン）さんを講演に招待したとき、私も登壇することになった。金さんは、時折涙を流しながら証言をした。その後、パネリストの一人が人権について長々と語った。私の番が回ってきた時、私は憤りを感じたというよりも、居心地の悪さを感じていた。ここぞとばかりに独善性と道徳的優位性を誇示した自己中心的で高慢な学生たちに腹が立ったのだ。そして、人権という言説の下に金さんの体験を普遍化している仲間の態度にもイライラしたのだ。なぜなら、それは、同じ証言を何度となく繰り返させられ、その都度恐ろしい経験を思い出さねばならなかっただろう金さんに対して、なんの配慮も感受性もないからである。私は、ダイ・シル・キム－ギブソンのように、彼女の拉致される前の人生がどのようなものであったのか、彼女の人生の幸せな時間とはどのようなものであったか、と尋ねたいと思っていた（Kim-Gibson 1997：255）。しかしそれを諦め、私は、自分と彼女が日本語で会話することができた理由と、帝国主義の爪痕について皮肉を込めて聴衆に詳しく説明した。世代や大陸を超えて、私と彼女のコミュニケーションを可能にしているものこそ、彼女に「性奴隷」になるように命じた帝国主義の言語なのだ。

個人的な経験はさておき、「慰安婦」問題を記述することの難しさは、帝国日本の暴力を暴き、謝罪と賠償を正当化する歴史的真実の探求と、女性たち自身を被害者または証人へと周縁化する傾向との間の緊張関係にある。彼女たちが被害者や証人であることを引き受けてきたのは、それが公的に訴える唯一の方法と手段であっただけにもかかわらず。それを、レイ・チョウ風に言うならば、「慰安婦」は被害者であることを通して犠牲にならなければならない（Chow 2012：86）、ということだ。この点において、ピョン・ヨンジュによる一〇年におよぶドキュメンタリー『ナヌムの家』三部作が、最も興味深い研究の一つであり続けているのは、「慰安婦」の人生に注目しているからだ。「慰安婦」問題に関する教育的なドキュメンタリーとは異なり、この三部作は、慣例的に挿入される歴史的な映像を完全に取り払うことでリアルさに迫っている。ピョン監督の映画は、毎週水曜日の抗議行動に参加する女性たちの日々の活動を記録している。この映画には、性奴隷であった時と解放後の人生の苦しみについて語る彼女たちの姿が収録されている。撮影が進むにつれて、作り手と彼女たちの間の境界は薄れていく。女性たちは被写体であることを自覚し始めるばかりでなく、カメラに積極的に関与しようとする。第三部の『息づかい』では、元「慰安婦」の李容洙（イ・ヨンス）が旅に出て、同じ境遇だった女性たちにインタビューするなど、映画のほとんどの部分の監督役を担っている。センセーショナリズムとセンチメンタリズムを排したことで、かえって女性たちのありのままの感性が伝わり、皮肉にも映画をよりリアルなものにしている。そして、承認、救済、賠償の闘争のなかで、女性たちの複雑な共闘関係が人間味あふれるものとして描かれている。

本章では、まず、後の分析のために、朝鮮民族に特有の文化主義的で支配的な情動・情緒である「恨《ハン》」について考察する。「恨」は、歴史に翻弄された自国への悲嘆とともに、朝鮮民族の打たれ強さを誇示する感情である。そのうえで、ピョン監督の三部作における恥辱と身体の問題への分析に移っていこう。

極端なナショナリズムとその不満

韓国における次の二つの反日主義の実践を考えてみよう。

二〇〇一年八月一三日、日本の植民地支配期に自由のために戦う闘士たちを収監していた独立門〔西大門独立公園にある清国からの独立を記念した門〕の前で、降り注ぐ雨の中、反日デモが開かれていた。彼らは、小泉純一郎首相が日本の英霊を称えている靖国神社に参拝する計画に激しく抗議していた。そこでは、二〇人の若い韓国人男性が「謝罪せよ、謝罪せよ！」と叫びながら小指の先端を切り落とした。

あるいは、二〇〇五年三月一五日、シガーカッターを持った六七歳の女性パク・キョンジャとナイフを持った四〇歳の男性チョ・スンギュは、独島／竹島にたいする東京都の主張に抗議するために、ソウル日本大使館での集会で互いの指を切った。

反日抗議には、このほかに自殺する、二六万匹のミツバチで身体を覆う、日本大使館前でキジを断頭するなどの形態がある。これらの「極端な（普通ではない）ナショナリズム活動」（Billig 1995）は、朝鮮半島における三五年間の日本による植民地支配への韓国人の根深い憤りとトラウマを表している。と同時に、戦後日本の戦争責任の歪曲と否定、そして植民地主義の被害の遺産への強烈な抗議である。指先切断の象徴的な意味はさておき、感情的な表現としてのこれらの行動は、ポストコロニアル時代の現在もなお続く「日本」への反感を私たちに顕示している。この狂信的な抗議行動に参加する女性もいるが、これらのパフォーマンスは「男性的」または「超男性的」と表現するのが適切だろう。特にかつての被植民者たちのあいだでは、ナショナリズム言説が常にジェンダー化されたものであるということは、不思議なことではない。なぜなら帝国主義的暴力とその抵抗は、しばしばジェンダー規範によって特徴づけられ、女性たちへの暴力は、敵の男たちに屈辱を味わわせるために利用されるからだ。反日ナショナリズムは、象徴的なパフォーマンスであるにもかかわらず、極端に（過剰に）男性的な点において、究極的には相変わらず日本の帝国主義と共謀している。反日主義が、植民地時代の傷を覆うためのカタルシスとしてのみ自己提示する限り、家父長制国家の名の下に自国内の暴力と矛盾は隠蔽されている。日韓両国の男性性による共謀の最もよく知られている未解決の問題は、間違いなく「慰安婦」のケースである[1]。

正確な数字こそいまだ論争中であるけれども、一九三二年から一九四五年までに帝国内の様々な「慰安所」で性奴隷として働くために、日本帝国軍によってさまざまな国の数万〜数十万の若い女性（その八〇〜九〇％は朝鮮半島出身）が誘拐・強姦・動員されたと推定されている[2]。女性たちの証言と史資料によれば、彼女たちは抑留中に何度となく精神的・肉体的な拷問や虐待を受けたことがわかっている。彼女たちは、対価も適切な医療もなしに、一日に一〇〜二〇人の男性たちに「奉仕」することが求められていた。これらの女性たちの七割は終戦前に死亡し、多くの女性が本国に帰国できなかったと推定されている。「解放」後に生き残って朝鮮半島に戻った人びとでさえ、性感染症や虐待による体調不良が、深刻な心理的および精神的なトラウマと重なり合って、「普通」の生活に戻ることはできなかった。厳格な儒教の性規範がもたらす羞恥心と罪悪感は、独立後の経済優先の軍事独裁体制においてお荷物にならないように女性たちを沈黙させた。しかし、一九九一年八月四日、金学順（キム・ハクスン）が——フェミニストグループ、宗教団体、その他の市民団体の支

（1）元「慰安婦」の正義への要求を利用し、反故にする家父長的ナショナリズムの同様の事例は、インドネシアの事例にも見られる。McGregor（2016）を参照。

（2）韓国人以外に、中国、タイ、フランス領インドシナ、シンガポール、マレーシア、ビルマ、インドネシア、フィリピン、台湾の女性が日本軍に仕えるために動員された。「慰安婦」問題に関する基本的な事実については、“Fact Sheet on Japanese Military ‘Comfort Women.’”を参照。

援を受けて——日本軍の性奴隷にさせられたつらい体験を公にしたことで、ついにその沈黙は破られた。

冷戦構造に包囲された戦後の日本と解放後の韓国は、ベトナム戦争と朝鮮半島の激しい戦争に巻き込まれることとなった。両国は、東アジア地域の資本主義再編の要求に向き合わざるをえず、「慰安婦」問題は消されたわけではないけれども、忘れられたも同然だった。一九九〇年代前半に金の証言が公のものとなったことで、この問題が国際的に注目されると、日本政府はこれを否定した。そして、二国間の国交正常化を確立した一九六五年の日韓基本条約を引き合いに出して、大韓民国への植民地補償はすでにすべて完了していると説明した。当時の韓国政府もまた、さらなる補償の要求を放棄することに同意した。[3] 今日も公式談話として根強く支持されているこの日韓基本条約をめぐる正当化論理は、一九六〇年代には「慰安婦」問題が取り上げられなかったということ以上に、外交交渉によって簡単に処理してはならない「人道に対する罪」を無視している。二〇〇五年、韓国政府は四〇年間機密とされていた一二〇〇ページにおよぶ外交文書を公開した。そこには、一九一〇年から一九四五年までの日本による植民地支配の補償として、八億ドルの補助金と経済援助を受けた後、政府または個人レベルでそれ以上の補償を要求しないことに韓国政府が同意していたことが記されていた。[4]

植民地時代の問題を和解に導いたとされる両国間の同意は、アメリカの開発主義と反共産主義の政策に追従する必要があった東アジア地域の戦後冷戦下における資本主義の再構成の文脈に位置付けて理解するべきである。軍事政権下における韓国の「圧縮された近代」は、下層階級、女性、低学歴者、および高齢者に悲惨な結果をもたらした。外交上の合意は、植民地支配と帝国主義の暴力のトラウマ的記憶を消すことはできない。けれども、特権階級優遇の経済発展の中で、国家は、国内の格差と国策をめぐる矛盾を隠蔽する男性的なナショナリズムを実現するために、反日感情を動員しようとした（Cho 2001）。ゆえに、「慰安婦」問題は、戦争、女性に対する性暴力、人種差別的暴力、の三層が重なり合っているのである。それは特にアジアの女性、貧困で教育を受けられなかった女性に降りかかる。この点で人種（帝国主義）、階級（資本主義）、そしてジェンダー（性差別主

（3） 状況は、インドネシアなど他の東南アジア諸国と同じである。米国は、一九五一年のサンフランシスコ平和条約第一四条で、日本は金銭的支払いではなく工業生産のための設備の提供に焦点を当て、東南アジア諸国に「役務賠償」を提供するべきだと規定した。米国の意図は、冷戦の文脈のなかで日本経済を再建し、日本を東南アジア諸国に影響を与えるアジアの地域大国にすることにある。一九五八年、インドネシアは日本と条約を締結した。これには、一二年間にわたって二億二三〇〇万ドルの支払い、一億七七〇〇万ドルの貿易債務の取り消し、四億ドルの経済援助が含まれていた。スハルト新体制の間、日本はインドネシアへの援助と投資の最大の貢献者の一つになった。この間、日本の投資とインドネシアの腐敗に対する一九七四年のマラリ暴動（軍によって迅速に鎮圧された）を除いて、「慰安婦」問題は言うまでもなく、日本の占領や、インドネシアに対する日本の継続的な経済的影響への批判的な憶測・観測はなかった。McGregor（2016）を参照。

（4） Wikipedia「日本国と大韓民国との間の基本関係に関する条約」の項目を参照（二〇一二年八月一二日アクセス）。http://en.wikipedia.org/wiki/Treaty_on_Basic_Relations_between_Japan_and_the_Republic_of_Korea.

義）は、複雑ながらも決定的な仕方で絡み合っている。しかし、ナショナリズムが、反植民地主義、反帝国主義の衝動にとって唯一の代理人／仲裁者である限り、その格差を覆い隠す力はジェンダー（家父長制）と階級差（資本主義）の問題を不可視化するだけだろう。ならば、「慰安婦」問題は、この「家父長的植民地資本主義 patriarchal colonial capitalism」のなかにこそ位置づけられなければならない。ソ・ジョンヒ（ジョンヒ・サラ・ソ）は次のように鮮やかに指摘する。

韓国の「慰安婦」は家父長的植民地資本主義によって生み出された存在である。家父長的植民地資本主義という構造的暴力は、日常生活に埋め込まれている経済的、政治的、文化的な力によって発生する——とりわけ、それらはジェンダー、階級、人種的および民族的不平等、といった権力の不均衡によるものである。構造的暴力は、階層的に組織された社会関係のなかで、特定の行為者やその集団が、その権力を慣習的に濫用したり、卑劣なやり方で行使したりすることによって維持される。韓国の「慰安婦」もまた、性差別、階級主義、人種差別、植民地主義、軍事主義、資本主義的帝国主義が相互に補強しあってできた集合体の被害者である。（Soh 2008：xiii）

一九九一年一二月の元「慰安婦」の「カミングアウト」は、日本が加担した冷戦構造とアメリカの覇権のもとで、日本の植民地主義と帝国主義の暴力が問い糺されずにいたところに風穴を開けるという意味では、東アジアに冷戦終結後の時代の到来を予見させた。

この章では、「慰安婦」の女性たちが内面化している恥辱の情動と身体の表象という視点から、ピョンの「慰安婦」ドキュメンタリー三部作――『ナヌムの家 Murmuring』(1995)『ナヌムの家Ⅱ Habitual Sadness』(1997)、『息づかい My Own Breathing』(1999)――を分析する。第一に、社会的に押し付けられ、ジェンダー化され、それゆえ彼女たちに内面化された「恥辱」の感情は、これらの映画の観客に沈黙を破ろうとする女性たちのジレンマと勇気を想起させるものであると論じる。韓国のナショナリズム言説における文化主義的感情である「恨」とは異なり、恥辱には、それを克服しようとするなかで、和解の政治に向けた交渉や行動の可能性が秘められている。ただし、それは(女性たちの主張を否定し続けている)日本の国民国家とではなく、家族や愛する人びととの間の和解である。第二に、恥辱が女性たちの情動的な側面を構成しているものならば、高齢化した身体は、彼女たちの苦しみの物質性と戻ることない時間の経過を惹起させ、ポストコロニアル暴力の残酷さをさらに強調するものである。本章では、年老いた女性たちの露わになった身体と天皇裕仁の隠された身体の死、そして彼の死を取り巻く国家的な追悼を並置して関連づけながら議論する。その結果、帝国システムの卑怯さが、両者の身体を序列づけているだけにとどまらず、昭和天皇の帝国主義と植民地主義への責任を再び棄却した点にあると論じる。

「恨」と文化ナショナリズム

文化ナショナリズムは、常にジェンダー規範と結びついている。戦後独立後の韓国においてもその例外ではない。ジェンダー規範と文化ナショナリズムの間にある結びつきは、グローバル資本主義における韓国（および後発工業国）の「圧縮された近代」という観点から読み解かれなければならない。この「圧縮された近代」とは、経済発展へのひたむきな努力によって生じた不平等と社会的矛盾が、文化ナショナリズムによって不可視化されている状態をさす。「追い上げ」と近代化を望む韓国社会は、好調な資本循環とアメリカの冷戦政策を背景に国家主義的で開発主義的なモデルに乗り出した、が、このモデルは一九九七年一一月の国際通貨基金（ＩＭＦ）危機の際に崩壊した。チョ・ハン・ヘジョンが指摘したように、kukmin（国民）と kajok（家族）の概念は、彼女が「圧縮された植民地的成長」（Cho 2001 : 57）と呼ぶ韓国の現代生活の構成に最も力を発揮した二つの記号である。急速な発展への需要は、市民も自律的な個人もいない、国家権力と家父長制家族だけの「立派」な社会を生み出した。kukmin は kajok とともに急速な成長を可能にした。ここで重要なのは、韓国では多くの後発工業国と同様に、ナショナリズムとグローバリゼーションが矛盾していないことである。実際、これらの概念は対立するものではなく、互いに補強し合う構成的なものであると捉えられている（Lee and Cho 2009）。しかし、ＩＭＦから財政援助を受けるような危機的状況下では、国家を救うためにナショナリズムが動員される。

反日感情と反共産主義は、解放以来、韓国ナショナリズムの原動力となってきた。ポストコロニアル時代の権威主義的開発主義国家の欲望とニーズ、さらに近年のポスト冷戦時代におけるグローバリゼーション体制下の新自由主義的開発主義国家の欲望とニーズに応じて、反日や反共といった外部との対立軸はナショナリズム動員の強力な源泉であり続けている。歴史的な植民地暴力と現代の経済不況は、韓国における男性権力と家父長制から権力、権威、正統化の感覚を奪っていった。父親は、植民地下において、かつて儒教の教えから与えられていた家庭や国家に対する権力を奪われ、さらに近代化や科学的知見によって、彼らは時代遅れで無意味な存在となった。急速な発展の間に、父親は一家の現金供給者に格下げされ、同時に家族の中でも最も道具化され、孤立したメンバーになった。多くの学者が指摘しているように、男らしさの危機は、キム・キョンヒョンが、屈辱と去勢の不安に対処するための「再男性化」と呼んでいるものとして文化の領野にも現れてくる(Kim 2004)。[5] 韓国の映画監督・林權澤(イム・グォンテク)の作品を批判的に評価したチェ・チョンム(2002)は、林の耽美主義と韓国の文化ナショナリズムの構造的類似性を強力に論証している。

(5) 光州事件の表象に関するジェンダー化されたトラウマの批判記事は、二〇〇六年のキム・ソヨンのものを参照。韓国社会における父の姿を思い出し、再構成する欲望の最近の例は、『国際市場で逢いましょう(국제시장：*Ode to My Father*)』(2014; ユン・ジェギュン監督)の興業的成功である。この映画は、主人公の個人的な犠牲と家族のための献身を通して、一九五〇年から現在までの韓国現代史を記録にとどめる。韓国の激動の歴史は、いくつかの象徴的な出来事に凝縮されている。一九五〇年の漢江の戦い、一九六〇年代の西ドイツへの韓国人の出稼ぎ、一九七〇年代の韓国のベトナム戦争への参加、そして一九八〇年代初頭の朝鮮戦争による離散家族の再会。そのたびに、長男で家族の家長であるドクスは、避難中に亡くなったときに父親に約束したように、家族を守り、世話するために自身を犠牲にする。

さらに重要なのは、植民地の韓国の男性は、女性たちや落ちぶれた自己に暴力を振るうことによって、ナショナル・アイデンティティの剝奪と男らしさの喪失に応じようとした、というチェの指摘である。林の代表作『風の丘を越えて／西便制』〔原題：ソピョンジェ〕（1993）では、ソンファの養父ユボンは、彼女の「恨」を深めるために彼女の目を失明させる。ここで描かれる「恨」は、理不尽な状況におかれていることと、それによる抑圧、疎外、搾取の感覚である。表現することができなかったり、それが許されることのない時に立ち現れてくる感情である。表現することのできない怒り、痛み、悲しみ、または憤りの感覚が「恨」へと向かう。「恨」は、外圧と内戦の歴史のなかで共有された豊かで総合的な朝鮮民族の感情とされている。とはいえ、それは韓国の近現代史の二つの局面の交差点に現れる。すなわち、圧縮された近代化の過程のなかで、その不可解な近代性の経験を表現できないことと、平穏だった過去を喪失したことへの嘆きが交差する点である(6)。ここで重要なのは、「恨」の担い手が伝統的に女性の役割であるとされていることだ。チェは、こう書いている。

この映画は、植民地男性の視線と、それによって他者化された女性の両方の視点を採用している。この時代遅れであることを内面化した植民地男性のまなざしのもとで、娘は、経済発展の脇に追いやられた父親が抱える男性的欲望を満たす文化ナショナリズムの産物を完成させるために失明させられた。この映画は、ナショナル・アイデンティティを取り戻すという責任を担わされた被害女性の「恨」を強調しながら、植民地時代以前の芸術的コミュニケーション手段である

「パンソリ〔朝鮮の伝統民族芸能〕」を回復することで国家的な「恨」を昇華させようとしている。（中略）被害女性には、国家の贖い主の役割が付与されているのである。（Choi 2002：116）

男らしさを回復させ、集団的感情を昇華させるプロセスは、大衆映画の中にもよく見られる。フランシズ・ゲートワード（2007）は、とりわけ歴史・神話物語、アクション映画、スポーツ映画という三つのジャンルが、植民地時代の過去を継続的に呼び起こすことで、標準的な反日イメージを構築し、それに基づいた韓国の集合的アイデンティティを構築している、と主張する。ゲートワードは、反日感情を投影した映画の背景に、ジェンダー平等の進展に由来する男らしさの危機と伝統的なジェンダー役割の失墜をめぐる不安があると分析する。これらの「雄々しい」ジャンルは、犠牲者として表象されることを集合的に拒絶している。ゲートワードはこう指摘する。「犠牲者を拒み、愛国主義と不服従を強調して、植民地時代の過去を再解釈することで、これらの映画は敗北というトラウマ的な社会的記憶を、積極的な闘争の記憶に変えていく。ナショナリズムの高まりというより広い社会的文脈に合流するとき、これらの映画は「想像の共同体」を形成するための一種の文化的接着剤として機能する。さらに、ポピュラー・メモリー・グループ〔民衆の記憶グループ〕が「支配的記憶」として記述するものの創造を支援する。」（Gateward 2007：205）そこで、ゲートワードは、

（6）「恨」と民族中心主義の言説に対する洞察に富んだ批判については、Jung（2007：296-332）を参照。

「超男性性」、またそれを支えてきた歴史的な言説への批判であり、強力な梃入れとなっているピョンの三本の「慰安婦」ドキュメンタリー映画に注意を向ける。

私もピョンの作品を通して、恥辱と身体について考えようと思う。それらは性奴隷制と日本の植民地主義の歴史的不正義に対峙する方法としてある。ゲートワードが指摘したように、ピョンの三部作は、進歩的なドキュメンタリーが制作されてきた韓国の土壌で生まれたものであり、「慰安婦」に関する映画にありがちなセンセーショナリズムと歴史的な背景描写を意図的に避けている。私が指摘したいのは、広範に「国民化」された「恨」の観念とは異なり、これらのドキュメンタリーが家父長的で儒教的な権威によってもたらされ、かつ元「慰安婦」に内面化された「恥辱」の観念への鋭い洞察を提供していることである。女性たちの恥辱は、家父長的文化への反省を迫ると同時に、家父長制国家を批判し、書き改める可能性を秘めていると私は考えている。

恥辱

前述のように、「恨」が存立するところには、切り刻まれた女性身体がある。苦しみがなければ、集合的な朝鮮民族のセンチメンタリティであるはずの「恨」は存在しない。（自身へ暴力を振るった者への怨みと憤りを抱いているとき）元「慰安婦」のなかに取り除くことのできない根強い「恨」が存在することは間違いない。朝鮮文化における「恨」が女性たちの苦しみと結び付けられてイメージされているのにたいして、ソは、生き残った「慰安婦」の証言が、近代化する韓国のなかで、逆説的な意味を示していると主張した。彼女たちの「恨」に満ちた証言行為は、少女に教育を受けさせることを禁止するといった国内の抑圧への個人としての抵抗でもある。彼女たちの「恨」は、女性が教育を受けられず、近代的自我を作りあげることができなかったために、仕事と教育を約束した韓国人ブローカーと日本軍によって騙されたことに起因する側面もあるのだ（Soh 2008：82-85）。とはいえ、女性たちを縛りつけているものは、韓国で繰り返し唱えられる家父長的な儒教の伝統によって裏打ちされた恥辱の感覚である。(7) ここで言う恥辱とは、性的に冒瀆されたことに対する羞恥心と侮辱の感覚であり、ある女性の言葉を借りれば「傷ものにされた」という感覚である。しかし、恥辱の感覚とその克服こそ、ナショナリズムと帝国主義の二重の抑圧の只中で、女性がなんらかの主体と尊厳の感覚を得ることを可能にする。植民地問題の根本に「慰安婦」問題が位置付けられるのは、それがセクシュアリティをめぐる家父長的理解に基づく問題だからである。セクシュアリティをめぐる家父長的暴力であると理解することは、彼女たちに自責させる自己卑下のメカニズムを否定し、それゆえにそのメカニズムを日本と韓国に折り返すことで、両国の家父長制を断罪する（Yang 1997：65-66）。

ルース・レイズは、恥辱（および「恥知らず」といった感覚）が、西洋では支配的であった罪悪感という感情的参照項にとって変わったと主張する。一九四〇年代から現在までのホロコースト生存

(7)『ナヌムの家』(1995) では、女性たちの一人は自分たちの窮状を、「私たちの未解決の恨み」と呼ぶ。

者をめぐる臨床分析と理論分析を通して、レイズは恥辱への再評価に注目している。従来フロイトの精神分析では、恥辱とは罪悪感に付随すると考えられていたが、新しい理論的な進展のなかでは、遺伝的な生理学的反応システムとして考えられている、とレイズは指摘している（Leys 2007：125）。すなわち、恥辱は反意図的で、生来的で、意図的対象から本質的に独立している、というのがこの指摘の趣旨である。この章の目的は、人文科学と社会科学における「情動論的転回」や「意図主義 vs 非意図主義」をめぐる議論について論争することではない。[8] その代わりに私は、罪悪感は原理的に不可逆的であるか、少なくとも抹消不可能だと考えるのに対して、恥辱に関しては修正や変更が可能であると考える人間の自我に関係しているのだ、とするレイズの観察に興味がある。レイズはイヴ・セジウィックが述べた「（クィアの人びとにとって）恥辱は、終わることのないアイデンティティの構築のきっかけにすぎない」という主張を引用し（Leys 2007：129 に引用）、それは現実または想像上の「他者」の視線にすでに晒されている「慰安婦」にとっても同じことであると述べている（Leys 2007：130）。ただし、私は情動が〔本質的に〕非意図的で、自律的であるという考えには同意することはできない（Leys 2007：133）。というのも、「慰安婦」に付与された社会的スティグマと新儒教的な性科学の内面化という文脈を考慮するならば、恥辱こそが彼女たちの沈黙と否定の条件となっているからだ。この点において、「慰安婦」の経験は、レイプ被害者のそれと類似する。すなわち、被害者の抱く恥辱や罪悪感は常に、個人的でありながら、家族によって、そして国家によってもたらされたものでもあるのだ。抑圧と解放、認知と交渉のさまざまな矛盾したプロセスを経て、被害女性たちは恥辱を克服し、内なる悪魔に立ち向かうことができる。『ナヌムの家』(1995)は、「分かち合いの家」に住む六人の元「慰安婦」の日々の活動を追うドキュメンタリーである。[9] 冒頭のシーンで、女性たちの一人である朴頭理(パク・ドゥリ)は、毎月のデモに行くことを「身体を動かすことにもなるし」と肯定的に監督に述べる。同居する朴玉蓮(パク・オンリョン)はそれに同意しない。「とても屈辱的だ」と彼女は言う。彼女は少し口籠って、目を伏せる。深いため息をつきながら、彼女は「母にも言えなかった」と続ける。監督が彼女に「デモするのは恥ずかしいですか」と尋ねると、彼女は顔を下げ、俯き、なにか別のことをするふりをして、「時々、そう思う」とつぶやく。顔や目を伏せるのは、典型的な恥辱を示す表現であり、きまり悪さや屈辱感を表している。それは自分の母親とも共有できない、恥ずべき秘密なのである。直後のデモのシーンでは、支援者たちと一緒に歌い、感動的なスピーチをする女性たちが映る。カメラが彼女たちをクローズアップするとき、彼女たちは滅多にカメラを見ない。その代わりに視線を逸らす。しかし映画が進むにつれて、女性たちは自信を深め、カメラの目線も気にしなくなる。映画が始まったころには、ボランティアたちの若さと元気とは対照的に、ハルモニたちは疲れていて

(8) 簡潔な概要については、Leys(2011)を参照。
(9) シェアハウス(ナヌムの家)は、一九九二年六月に存命の多くの「慰安婦」の居住のために設立された。仏教団体やその他の社会団体が資金を提供した。http://www.nanum.org/eng/ を参照。

脆くも見えていた。

恥辱の感覚は、多くの女性たちが日本政府への抗議の声をあげることを妨げた。しかし、金学順は、日本が史実を否定し続けるなか、数少ない「生き証人」の一人として沈黙を破る決意をした。恐ろしい体験と恥辱は、一部の女性たちに自己嫌悪をも植え付けた。たとえば、朴頭理は、「身体がいうことを聞かない」から人生を終わらせたいと思っている。それは、長い間自分の人生を憎んできたからだ、という。

また、撮影隊は中国の湖北省武漢にも足を運び、戦後韓国に戻ることのなかった元「慰安婦」三人を撮影する。一七歳の時に連れて行かれた河君子（ハ・グンジャ）との会話の中で、監督は戦争後に韓国に戻らなったのは、恥辱が理由だったのか、と河に尋ねる。監督は「でも、あなたが韓国に帰ってきていたとしたら……恥ずかしくても……故郷に戻ったらよかったのに」と自分の気持ちを言葉にしている。これらの同情の気持ちに対して、河は「戻りたかったけど、こんなひどいところで恥ずかしい思いをした。なぜかというと、それは恥ずべき場所だったから」とだけ表現した(10)。その場所とは、明らかに健康と普通の幸せとは無縁で、一日一〇〜二〇人の男性に仕えることを余儀なくされた慰安所のことを指している。そして、家父長的な儒教の伝統によれば、事情を問わず、性的暴力を受けた女性はもはや「純潔」ではない。それゆえ、恥辱は沈黙を強いるだけでなく、「故郷」に戻ることすら妨げるのだ。女性の身体には、家父長制および儒教による貞操観念だけでなく、恥辱が負わされる。湖北省の別の女性〔洪江林（ホン・ガンイム）〕は、男性に奉仕するには彼女のヴァギナは小さいとみなされたために性器を切り広げられたという。彼女は性器を「恥部」と呼び、「卑しいもの」だと言う。彼女は話すとき、涙を流しながら俯いたり、カメラから目線を逸らしていた。

身体には期限がある

チェ・チョンム（2001）は、歴史的悲劇の性質を考慮しつつ、「慰安婦」問題の核心には、女性たちの身体的経験があると主張した。繰り返された強姦、暴行、切断、そして身体的および存在論的な痛みの両方を緩和するためのアルスフェナミンとアヘンの注射によって、それらの痛みは彼女たちの身体と記憶に刻まれた（Choi 2001：398）。さらに、チェは、「慰安婦」の身体的経験が性的侵襲であるからこそ、植民地支配によって強いられた「去勢」を克服したい、という韓国人男性の男性的な欲望が直接的に刺激される、と指摘している。結果として女性たちの主体性は二重に抹消される。第一に、女性を男性の所有物として客体化する儒教的イデオロギーによって、第二に、国家を女性の身体と同一視する韓国の反植民地主義ナショナリズムによって。「慰安婦」問題を取り巻くものは、男権主義的なナショナリズム言説における女性たちの経験の簒奪であり、女性たちの痛み

(10) 文字通り「私がこの売春宿にいたという事実！」。韓国語の文字起こしについては、キム・ヘヨンに感謝する。

と主体性の消去である、とチェは強く主張する。

「慰安婦」の身体は、帝国兵士の身体を病気〔性病〕から保護するために使われ、さらに性交による「混血児」が生まれることを防ぐために使われた点を強調しておくことが重要である。日本軍は、朝鮮人女性の身体を定期的に消毒することで医学的に制御し、管理していた(11)。女性の身体は、閉じ込められて強姦されるだけでなく、自由を奪われ、薬漬けにされ、それゆえに深刻で慢性的な病気にかかって衰えていった。一九九一年八月に日本軍性奴隷の経験を初めて公に証言したとき、金学順はすでに六八歳だった。彼女は一九九七年一二月に亡くなった。三部作の撮影期間にインタビューされた女性のほとんどは、六〇代後半と七〇代後半の年齢だった。何人かは、映画の制作期間中に亡くなり、彼女たちの救済と賠償の要求は満たされていない。すべての歴史的な犠牲者の場合と同じように、時間は非常に重要である。なぜなら、身体はいずれしおれて死を迎えるからだ。彼女たちの若々しい身体は、侵襲され、切り刻まれ、放棄された。そして、彼女たちの老いた身体は、無視され、軽視され、軽蔑された。

『ナヌムの家』は、若い「慰安婦」の二枚の写真と、痩せて骨張った老体の映像で幕を閉じる。最初の写真は、ストレッチャーか即席のベッドのようなものに座っている三人の（若い少女のような）「慰安婦」を映している。二人の女性が右側のストレッチャーを共有し、もう一人の女性がなにかを手に抱えて左側のストレッチャーにまたがっている。夏のようだ。すべての女性が半袖の服を着ていて、一人は暑さから身を守るために頭から手拭いをかぶっている。右側に二人の女性のうち一人はカメラを見据え、もう一人は目をそらして、写真家に撮られないようにしている。左側に一人で座る女性は無表情でカメラを直視している。この写真は、おそらく女性たちの「仕事」の休憩中に撮影されたもので、疲れているとはいえ、「朝鮮の娘たち」の若々しい身体をとらえている。と同時に、この写真は彼女たちの日常的な感覚を伝えている。その表情からは無関心というか、憤りにもならない感情が滲み出ているのである。この写真から隠されているのは、恐怖である。それは、近年まで写されることも、記録されることも、語られることもなく続いていたのである。

二枚目の写真は、四人の若い女性がアップで写っている。右側の三人の女性はノートに何かを書くことに夢中になっているように見える。左側の女性は、頭に手拭いをかぶり、左手にあごを置いて、カメラから目線を外し、遠くに目を向けている。改めて見ると、彼女たちが晒されている悪夢のような環境とは裏腹に、彼女たちの溌剌とした姿に驚かされる。その後、映画は、「慰安婦」と思しき年老いた身体を映し出すシーンへと画面を移し替える。

上記の二枚の写真から年老いた身体への画面の移行は印象的だ。まるで時が止まったかのような無垢な若者たちから、顔の映らない女性の剝き出しの身体へと映像は移っていく。ただし、彼女の

(11) ヤン・ヒュナは「このプロジェクトは、軍人によるレイプの脅威から日本の女性を守るために設計された装置だった。さらに、韓国の処女の少女たちは、軍事士気と有効性を弱める要因の一つと見なされていた性病から日本兵を守る解決策だった」と位置づけている(Yang 1997 : 63)。

身体は、たるんだ胸、ひだ、そしてしわが示すように、単純に老いているのではない。映像では、傷つけられたようにみえる箇所と火傷したような腕が映り込む。さらに目を奪われるのは、しわのような皮膚がヘソを中心にらせん状に折り重なっている様子である。これは、手術されたことを示すものだ。カメラは少しの余韻を残した後、しわ、垂れ下がった胸、しわの目立つ肩と腕を順に映していく。カメラは彼女の身体の輪郭を辿り、彼女の脈打つ腹部を通してそのゆっくりとした呼吸をとらえ、そしてフェードアウトする直前に彼女の傷ついた腕に焦点を合わせている。

この最後のシーンは、帝国日本によって奪われた（写真のなかに永遠に閉じ込められ失われた）「慰安婦」の青春の喪失と、（かろうじてではあるが）現在も生きている彼女たちの身体を力強くとらえている。それは、老い、苦しみ、傷跡だらけで、蹂躙されてもなお脈動しているのである。身体の物質性がこれらの女性たちが被った暴力を不可視化してきた歴史を暴露するように、この映画は私たちに身体が生物学的に老いるという事実だけでなく、その身体に物理的に刻まれた暴力もまた思い出させる。身体への注目は、年老いた彼女たちが謝罪と賠償を受けることができる期限について警鐘を鳴らす。「身体的苦痛には身体の境界の外側に何の対象も持たない」というエレーヌ・スカーリーの指摘を借りて、チェは、彼女たちの身体的経験を反植民地ナショナリズム言説へと置き換えること、すなわち女性たちの身体の痛みを再び男性化された国家の恥辱へと結びつけることに強く反対してきた（Choi 2001 : 398）。写真と動画を駆使したこの映画は、家父長的ナショナリズムの支配的な言語のなかでは表すことのできないような痛みと恥辱をともなう身体を、強力な視覚言語として提示している。

性奴隷制の暴力が女性たちに与えたのは、彼女たちが生涯にわたって耐えてきた身体的・心理的被害だけではない。先の若かりし頃の写真が間接的に示唆しているのは、日本の帝国主義が彼女たちから奪った人生である。それらは、暴力的に奪われた人生、果たされなかった夢、あるいは「慰安婦」の一人〔姜徳景（カン・ドッキョン）〕が「奪われた純潔」と呼ぶものである。[12] 年老いた身体が示すものは、性的侵襲の痕跡と「解放後」の家父長制による暴力である。彼女たちのほとんどは子供を産むことができないほどの損傷を負ったままであり、多くの女性が夫に捨てられるか、不妊を理由に離婚された。腹部の術痕は、植民地後の韓国の家父長的ナショナリズムの社会では、女性にとって「本質的役割」である妊娠・出産ができないことを暗示している。

女性たちが高齢であることを考えると、この映画が、証言、デモ、日常生活の記録にとどまらず、彼女たちの健康や老いていく身体、そして死について多く収めていることは驚くべきことではない。『ナヌムの家』は、ピョンによる制作趣旨が短く説明された後、一九九二年一月に開始された日本大使館の前での第一〇〇回水曜デモの場面から始まる。日本政府を非難する挑発的なスピーチにおいても、女性たちは年老いた身体を強く意識しており、自分たちの死の後にも子孫たちがこの悲劇

(12)「奪われた純潔」は姜徳景の絵画の題名である。この絵は、日本兵を木と重ねて描き、木からは花びらが散り、裸の少女が根元に横たわっている。

の責任者を糾弾し続けることを期待すると繰り返し述べている。

彼女たちの経験を振り返ると、ほとんどの女性たちが拉致、詐欺、強姦、そして一日一〇～二〇人の男性たちへの奉仕について語っている。彼女たちは、強制的な性交や不当な暴力からくる身体的苦痛と、性病に罹患して不妊になった苦悩について語る。戦後も中国に残った洪江林（撮影時七五歳）は、性器が小さかったために、切られて拡げられた経験を語った。ほかにも、金粉先（キム・ブンソン）は、第三作『息づかい』のなかで、同じく元「慰安婦」だった李容洙によるインタビューに対し、「男たちは何度もくる」「起きる時間もない」「身体が耐えられなくなった」と答えている。一対多数、彼女たちは、迫り来る膨大な他者の身体にたった一つの身体で対峙しなければならなかった。沈達蓮（シム・ダリョン）（撮影時七九歳）は、気絶した中で複数の兵士によって初めて強姦された経験について説明する。彼女は、この出来事そのものと、列をなす男たちの相手をどのくらいの時間したのか覚えていない。彼女が目を覚ました時、そこら中に血がついていたという。他者の身体と精液の臭い、そして彼女自身の血液と混ざり合って、彼女は気分が悪くなった。吐き気がして、頭痛がするほど不快だった。身体と体液の臭い——同意なく、モノ化された果てに混じり合う血と精液——とは、暴力、性的侵襲、嫌悪の臭いである。身体が麻痺して痛みを感じなくなるときは決まって、精神が打ちのめされて息苦しい状態にある。この経験は、彼女の精神を不安定にした。「解放」後、彼女は「お寺以外に正気じゃない人が行く場所はないから」といってお寺の「飯炊き」になった。今日に至るまで、彼女は女性が男性と腕を組んでいるのを見るたびに、「あの女バカじゃないか」と心の中でひそかに思う。彼女は「ときどき笑ってしまいます。私は知っている。私は正気じゃなんです」と言う。

『ナヌムの家』が、脆くもあるが生きることと証言することについての作品ならば、第二作の『ナヌムの家Ⅱ』は、死ぬことをテーマとした作品である。映画の被写体であることを意識し、カメラが力を与えてくれると信じている姜徳景（撮影時六九歳）は、「死んだら撮れないよ。たくさん撮っておきな」と監督に告げる。第一作目では陽気で元気だった姜が、肺癌と診断されて死期が近いと知らされる。彼女は最後まで撮影してほしいと言う。ほとんどの女性たちと同様に、彼女は初潮前に日本でトラック運転手に強姦されたと話す。その後、彼女は日本軍の慰安所に連れて行かれ、日本兵とのセックスを強いられた。彼女の身体は「毎週のように痛んだ」。彼女は「一年ほどそんな辛い生活をした」と言う。

客観性を謳うドキュメンタリーとは異なり、『ナヌムの家Ⅱ』は、女性たちと監督／カメラマンの間のやりとりがふんだんに盛り込まれている。女性たちは自分自身の対象としての意味を十分に自覚し、計画的かつ意図的に撮影するよう監督に求めている。たとえば、金順徳（キム・スンドク）と朴頭理がかぼちゃを転がして運んでいる陽気な場面で、監督は「なんで私たちにかぼちゃを運ぶのを撮れと頼んだの？」と彼女たちに尋ねる。彼女たちは、栽培したかぼちゃの収穫を撮影隊に撮って欲しいからと応える。監督が女性たちに「映画のなかでどう見られたいですか」と聞くと、彼女たちはユーモラスに「牛のように一生懸命働く人！」と答える。ここでは、冗談のようではあるが、しかし働く身体の強調は重要である。一生懸命に働いた女性として、彼女たちは労働する身体として見られることを主張し続けているのである。仲間の元「慰安婦」の何人かが無力化され死んでいったなかで、彼女たちは救済と賠償の闘いを続ける決意の証として一生懸命働いていることを世界に証明したいのだ。彼女たちは日本と韓国の政府からの施しをただ待っているだけの年老いた女性たちではない。このように撮られることで、彼女たちは自分たちの主体性を主張するために、この映画をメディアとして使う。[13] 同じように、死にゆく姜（カン）は、この映画を救済と賠償の目標を達成するためのメディアと捉えている。明らかに弱っていく瀕死のベッドの上で、姜は監督にこう語る。「私はこの映画について考えていました。多くの人が見に来るかもしれない。皆さんが来ることをあの世に行っても祈っています。多くの注目が集まって、私たちを助けてくれるかもしれない。それが私の切実な願いです。」死が差し迫っているにもかかわらず、姜は意識して挑発的に言う。「私たちおばあちゃんはとても歳をとっています。でも、家族のように一緒に暮らしています。日本に警告します。あなたたちはお金を払えば、私たちが引き下がると思ったでしょう。私たちは苦しくても生き延びることができます。私たちは、決意しています。毎週水曜日に二〇〇回以上デモをしてきました。私たちは最後のひとりになるまで闘うでしょう、日本人と。世界の人たちに私たちの闘いを知ってほしい。私たちは簡単には死にません。もう少し長生きします。私たちはしぶとくなった。日本がそうしたんです。もっと強くなるよ、もっと長生きするよ。」一九九七年二月二日、姜はこの世を去った。彼女の望みは叶わぬままに。

帝国の身体と帝国化された身体

元「慰安婦」の多くは、仲間や支持者にしか知られず、注目されることなく亡くなっていった。彼女たちの死は、家父長的な帝国主義とナショナリズムによって与えられた過ちを正す時間が残されていないことを知らせてくれる。老齢ではあったが、彼女たちはあまりにも早く逝ってしまったと言わなければならない。彼女たちの匿名の死は、彼女たちの窮状にたいして最も責任のある天皇裕仁の唯一にして特別な死とは明らかに対照的である。金学順の告発の二年前、一九八九年一月七日に裕仁はこの世を去った。裕仁の死（と予想外に長い人生と治世）は、残念ながら日本軍性奴隷制を含む天皇の戦争責任を問いただす試みを打ち消してしまった。この点において、裕仁はあまりにも早く死んでしまった。ここで重要なのは、多くの死と唯一の死がタイミング悪く重なったことではない。むしろ、それらから連想される／されないものは何であるのか、を考えることが重要である。つまり、「慰安婦」の死が多くの人びとの苦しみを明るみに出すものであるのに対して、天皇の死は多くの苦しみに対するみずからの責任を不問に付す。戦後、女性たちは恥辱と沈黙のなかに閉じ込められ、その大部分を悲惨な生活を送ったが、裕仁は（彼の名の下で非人道的な行為が指揮されたにもかかわらず）「人間」として社会復帰し、アメリカの要請による冷戦体制下の平和主義かつ経

(13)「慰安婦」だった女性たちの、映画の対象から、映画の主体への移行は、元「慰安婦」の李容洙がインタビュアーの役割を果たしている三番目のドキュメンタリー『息づかい』でさらに顕著になる。

済志向の新しい日本の象徴となった。ノーマ・フィールドが簡潔に指摘したように、「戦後の時代には、最初は生存の必要が、つぎには復興の要求がすべてに優先し、それらは中国革命と朝鮮戦争勃発にともなうアメリカ側の安全利害によって強められ、その後は高度成長への猪突猛進が始はじまって、これらすべてがヒロヒトの戦争責任の問題を棚上げするのに役立ち、ついにはタブーにしてしまった」(Field 1991 : 183)。ムッソリーニは処刑され、ヒトラーは自殺したために、元枢軸国で唯一生き残った指揮官となった裕仁は、戦後、現人神／日本の軍国主義の最高指揮官から、象徴天皇／生物学者へと変貌し、復権した。予想外に長かった彼の治世は、日本の現代史における三つの劇的な出来事を含んでいた。それは、日本帝国主義、敗戦、そして戦後の経済復興である。[14]

「慰安婦」の身体はジェンダー化された身体というだけではなく、植民地の身体でもある。それは軍需品としての身体であり、日本の勝利に貢献するための資源として用いられた(Yang 1997 : 65)。それゆえ、植民地問題としても「慰安婦」問題を理解する必要がある。すなわち、昭和天皇と家父長制が内包する帝国主義的で男性的な暴力を捉えなければならない。多くの「慰安婦」の死とは異なり、裕仁の「崩御」は非凡なものである。彼の病気の経過(例えば、輸血量など)は、細心の注意を払って報告された。実際に、天皇にだけ用いる新しい言葉が、彼の状態を説明するために導入された。彼の死後、メディアや市場は、天皇に対する敬意を示すために、自己検閲と自主規制を行なった。死に至るまで撮影を要求した姜徳景とは異なり、日本のメディアは死にゆく裕仁の身体を映すことはなかった。謝罪と賠償を要求しつづけ死の床にある姜とは対照的に、裕仁の死は、謝罪はおろか罪を認める可能性さえ消し去ってしまった。

しかしながら皮肉なことに、裕仁の死は、長い間抑圧されていた天皇の戦争責任の問題を再び浮上させた。『天皇の逝く国で』のなかでノーマ・フィールドは、「菊タブー」と戦争犯罪への沈黙を強いる戦後社会にたいして、勇気をもって反抗する一般市民の物語を雄弁に織り交ぜている。裕仁とは異なり、フィールドの本に登場する人びと――国旗を燃やしたスーパーマーケットの店主、自衛隊で亡くなった夫が英霊として合祀されることを拒否して敗訴した未亡人、裕仁の戦争責任を公然と語った長崎市長――は、社会的追放と右翼からの攻撃を受けながらも、日本の帝国主義の過去の歴史に向き合い、戦後国家による戦争責任の否定とごまかしに異議を唱えた。それらは、一九九〇年代初頭以来「慰安婦」が要求してきたことと同じで、戦後日本が主張してきた「平和主義と繁栄」および戦時中の「戦争責任と植民地責任」の間の齟齬を暴き、対峙する重要な声である。事実、前者（平和主義と繁栄）は後者（戦争責任と植民地責任）を都合よく隠蔽した。

二〇〇〇年一二月、女性運動団体の国際的な協力により、「女性国際戦犯法廷」〔正式名は、日本軍性奴隷制を裁く女性国際戦犯法廷〕が東京で開かれ、数千人の参加者が集まった。第2章で触れた日本の戦争犯罪を扱った中国の裁判と同様に、この法廷は、軍慰安婦制度の設立と戦時中の集団強姦への関与の責任を起訴・処罰できなかった極東国際軍事裁判〔東京裁判〕への対応策として組織さ

（14） 戦争とその余波における裕仁の積極的な関与を否定する「修正主義的」観点については、Bix（2001）を参照。

れたものである。この女性法廷は二つの重要な発見をもたらした。第一に、日本軍「慰安婦」制度は、当時の奴隷禁止協定と国際条約に違反する奴隷制度である、と認定したこと。第二に、軍慰安所に徴用される前の公娼の日本人女性も、人道に対する罪の被害者であることを立証し、それゆえ日本人と日本人以外の女性も日本軍性奴隷制による共通の被害者として包摂したことである。そして、おそらく最も象徴的だったのは、一年後にオランダのハーグで再開廷された女性法廷において、故裕仁が有罪の判決を受けたことだろう⒂。

同様に重要なのは、米山リサ（2016）が指摘したように、女性法廷は制約と弱点があるものの、東京裁判を中心としたそれ以前の戦争犯罪の判決の誤りを明らかにしたことである。女性法廷は、裕仁の戦争責任と、日本帝国軍による奴隷制と強制売春を禁止する国際法違反を認めただけでなく、「慰安婦」制度について知っていながら責任を問わなかった連合国をも訴えた。そして、最後に大事なことは、東京裁判がもっぱら西洋人に対する日本の罪に焦点化していたのとは対照的に、女性法廷は「人道に対する犯罪」として北および東南アジアの女性に対する軍事暴力を焦点化し、そうすることで起訴する際に用いられる「人道」という規範概念に挑戦したことである（Yoneyama 2016：126）。私の議論の展開に最も示唆的なのは、米山が未来に向けて知識生産の根源的な再構成を主張していることである。彼女はこう書いている。

法廷の発見が重要な意味を持つためには、聴衆はそこで示された正義を、現在、制度的リアリズム、あるいは現状のなかに位置づけられないことに気づかなければならなかった。それどころか、法廷の重要性は、現在が変容していくことによって現れる「未だ見ぬもの」としての未来において求められなければならなかった。言い換えれば、女性法廷の歴史的効力は、生存者の証言に応答責任を負う人びとが、国境を越えるか越えないかにかかわらず、既存の制度や知識に批判的に介入していけるかにかかっている。(Yoneyama 2016 : 127)

結論――ブロンズ像とトランスナショナリズム

二〇一一年一二月一四日、元「慰安婦」の女性たちは、数百人のボランティアや支援者とともに、一〇〇〇回目の水曜デモを迎えた。そのデモでは、硬い表情で座っている高さ一二〇センチの少女

---

(15) 判決は次のように出される。「本法廷は、これまでの証拠に基づいて、検察が被告天皇裕仁の事例について証明したことを認め、そして、共通起訴状の訴因1-2のもとに人道に対する罪としての強かんと性奴隷性の責任を認め、訴因3のもとに人道に対する罪としての強かんで有罪と認定する。加えて、判事は、憲章第4条のもとに認識されるように、慰安所制度の設立と維持について日本政府が国家責任を負うものとする。」「法廷」は著名な判事であるカルメン・アルヒバイ(アルゼンチン)、クリスチーヌ・チンキン(イギリス)、ウィリー・ムトゥンガ(ケニア)、そして待望の判決を下し、議長を務めたガブリエル・カーク・マクドナルド(アメリカ)主席判事によって構成された。http://iccwomen.org/wigjdraft1/Archives/oldWCGJ/tokyo/index.html を参照。(こちらのアドレスの方が、直接的なリンク http://iccwomen.org/wigjdraft1/Archives/oldWCGJ/tokyo/judgmentannounce.html)

のブロンズ像「平和の少女像」が、すべての犠牲者を象徴し、日本大使館に面した場所に建てられた。像の横の空席は、少女と一緒に座って大使館を見つめることができるよう設けられている。裸足のまま、膝の上に手を置いて、少女の冷たい目は、ソウル中心部の狭い通りの向かいの大使館をじっと見据える。見つめるという行為は、映画『ナヌムの家』冒頭の一六年以上前の一二月の凍てつく朝を思い出させる。そのシーンでは、一人の女性が警備の警官をその場から退かせ、彼女は大使館の門を「見つめる」。この「見つめること」や「にらみつけること」は、日本の侵略の「象徴」または「代替物」である大使館をただ見るというだけでなく、それらの責任者によって見られることへの要求でもある。大使館の門を見られるようにすることは、日本による抑圧の象徴を常に可視化しておくことである。それは恥辱のために伏し目がちだった視線を、挑発的な要求に変えることでもある。伝統的な衣装を身に纏った少女のブロンズ像は、一方では奴隷にされた若い犠牲者を表し、他方で、その物質性は、年老いた「慰安婦」たちの強い意志の視線を留め、再び活力を与える。年老いた女性たちに最期のときが来ることは避けられない。ただし、このブロンズ像は、彼女たちが永遠にいるという感覚を作り出す。そして、デモは今後も続いていくのである。

このブロンズ像の設置について、論争がなかったわけではない。李明博大統領の東京訪問を目前に控え、日本政府の報道官である藤村修内閣官房長官は、像の設置は「非常に遺憾」とし、撤去するよう要請すると述べた[16]。国会期間中、野田首相は、保守的な自民党の山谷えり子議員の質問に対して「強制的に性奴隷にされた」というのは「正確ではない」と述べた[17]。驚くことではないが、日本社会の保守派は、女性たちを嘘つきだと非難し、像の建設に反対した。二〇一二年六月、鈴木信行元国会議員（当時四七歳）は、身元不明の日本人男性と一緒に、「竹島は日本固有の領土」と書かれた九〇センチの杭を像の脚に結んだ。竹島あるいは独島は、東シナ海に位置する小さな島であり、両国間の領土紛争の象徴となっている。鈴木は、ユーチューブやブログに杭を立てる動画をアップロードし、「売春婦像」と呼んだ。一か月後、これへの報復として韓国人男性（当時六二歳）が小型トラックで日本大使館の正門に突っ込んだ。

一〇〇〇回目の水曜デモを記念した「平和の少女像」をめぐる論争は、「慰安婦」問題をめぐる停滞を強調し、対立をエスカレートさせるだけである。国家間の外交上の小競り合いは明らかに解決策になっていない。というのも、両国は女性たちに対する犯罪を無視し、周縁化していることに加担しているからだ。小競り合いは、外交上の政治的利益のために国内の支持獲得へと向かうか、女性たちの支援者を悪魔化するだけである。しかし、だからといって国家が無関係であると言いたいのではない。国家だけが戦争を遂行することができるのだから、国家だけが救済と賠償のための究極的な責任を負うことができる。日本政府によって創設された民間基金はまやかしである。なぜな

（16） Choe（2001）を参照。日本政府は、「慰安婦」像が、外交の枠組みを縁取る国際条約であるウィーン条約に違反したと公式に主張している。
（17） "Japanese PM Stirs Up Trouble." を参照。

ら、それは、慰安所を制度化し、朝鮮の若い女性たちや他の国籍の人びとを奴隷化したことの日本政府の責任を免罪するものだからだ。元「慰安婦」による二〇年以上に及ぶ抗議、デモ、証言、教育、およびその他の活動は、彼女たちに起こった不正義についての国家的および国際的な意識を高めた。それだけでなく、彼女たちは戦時下の女性や子供たちへの暴力の問題意識も広めたのである[18]。キム・ナミが書いているように、長年の抗議は「韓国のいわゆる友愛のコミュニティを築こうとする国民国家の限界も露呈させ、限定的な市民権の概念への異議を申し立てた[19]」。「慰安婦」問題への国境を越えた支援は、世界的な連帯と、一〇〇〇回目の水曜デモを支持し記念する一斉抗議に見ることができる。

二〇一五年一二月、日韓両政府は、「慰安婦」問題を解決することに合意した。両国ともにこの合意を「画期的」なものとして称賛し、安倍政権の問題解決にむけた真摯な姿勢を反映していると評価した。その合意は、韓国政府が管理する「慰安婦」のための基金を設立するために、日本政府が一〇億円の助成金（八三〇万ドル）を一括で提供するというものだった。安倍首相は「慰安婦」に謝罪し、この問題に対する責任を取るつもりだ、という[20]。韓国は日本が約束を果たせば、この問題を「最終的かつ不可逆」のものとみなすようだ。そして両政府は国際社会においてこの問題についてお互いに批判することを控えると約束した。最終的に、韓国政府は「平和の少女像」の問題の解決にむけて設立団体との協力体制を模索するだろう[21]。二国間の合意は、家父長的ナショナリズムと代議政治が持つ限界と失敗を強調するだけである。「慰安婦」の女性たちは誰一人として合意について知らされておらず、家父長制国家は相談も、共感も、または内省もなしに、犠牲者のために代弁した。女性たちは、救済と賠償を七〇年以上待っていたが、依然として二国間外交の人質のままである。ジャック・デリダ（2001）の言葉を借りれば、これは「条件付き」の和解に相当し、二つの家父長制国家が問題と向き合い、法的・倫理的に解決をしようとしたというよりも、国際関係の改善を交渉し、そこに落ち着いた、ということになる。この点を乗り越えるための（国家の権限の外にある）「もう一つの和解」については、第6章で議論することになるだろう。

しかし、かなり性急に作られた合意は、東アジア地域の地政学的な構造の変化を表している。この合意は、中国の台頭に対抗するための相互防衛を発展させようとする両国間による試みとして理解することができる。ノア・フェルドマン（2015）が書いているように、「安倍の動機は日本の国家安全保障の向上にある。中国の軍事拡大主義が主な原因だ。それと同じくらい重要なのは、アメリカが従来通りの強力な保護者ではないかもしれないという認識である。アメリカは中国から台湾を

（18）Kim Nami（2012）.

（19）Kim Nami（2012）.

（20）政治的謝罪の問題については、Dudden（2014）を参照。

（21）日韓合意の全文については、"Japan-South Korea Statement on 'Comfort Women'." *The Wall Street Journal*（二〇一五年一二月二八日）参照。http://blogs.wsj.com/japanrealtime/2015/12/28/full-text-japan-south-korea-statement-on-comfort-women/tab/print/

守るために戦争に参加するだろうか？　その答えがノーであった場合、アメリカは日本や韓国を守るために戦争に参入するだろうか？　アメリカの軍事的関与に疑念が浮かぶのならば、日本と韓国はお互いを必要とするだろう。」序章で論じたように、反日主義（およびその構成的「他者」である親日主義）とそのマジネメントは、今日の中国の台頭に対する不安という文脈で理解されなければならない。

日本政府と右翼団体が「慰安婦」像について示した懸念と不安について考察することが重要である。少女像は、破壊衝動を誘発させるとして、その撤去が二国間協定にも盛り込まれた。しかし、一体、この少女像が、日本人にとってどんな脅威になるというのか？　「慰安婦」の支援者の心に響くと同時に、反対派を脅かす理由は、少女像の表象と物質性にあるのではないだろうか。像をデザインした彫刻家（キム・ソギョンとキム・ウンソン）は、当初、当時の「慰安婦」女性たちのおおよその年齢である八〇代の女性の像を思い描いていた。日本を懲らしめる棒を持っている像だ。しかし、作者の二人は「慰安婦」の女性たちの声を表現するために、彼女たちが連れて行かれた年齢である一五歳くらいの少女のイメージに決めた。デザインには、いくつかの意図された象徴的意義がある。少女は韓国の伝統衣装である「韓服」を着ており、彼女の短くてラフな髪は、日本兵に強制に切られたことを表している。また、強く握り締められたこぶしは、今も続く日本政府の否認と闘う強い意志を示しており、そして彼女の左肩の小鳥は、故人となった「慰安婦」と今を生きている女性たちとのつながりを意味していたのである（Lee 2016）。少女像は過去、現在、未来を媒介している存在なのである。それは、少女たちから未知の可能性を奪った過去、家父長的ナショナリズムとの闘いの現在、そしてすべての「慰安婦」が亡くなった後にも正義を求め続ける未来、を表象している。この像が、支持者と否定者にそれぞれ共感と警戒を持たせるものはなにか。それは、少女像が単なる彫像でも実在の人物でもなく、その両方を兼ね備えている彼女の迫真性である。像は「実在」の生と「幻想」の間を媒介する。ゆえに人びとは、冬の寒さから彼女を暖かく保つために頭に帽子をかぶせたり、首にスカーフを巻いたりする。あるいは彼女が友だちといられるように彼女の隣に動物のぬいぐるみを置くこともある。

表象のほかに、「慰安婦」問題に明白な実体を規定するのが、像の物質性である。W・J・T・ミッチェルが言うように、彫刻は「風景画のように巨大な窓を開いて仮想的な空間を投影するようなものではなく、空間を取り、場を移動し、占有し、そこに割り込み、それを変えることである。」(Mitchell 2000：166)「慰安婦」像は、その純然たる物質性により、「慰安婦」の支持者を集め、日本政府にとって目障りな大使館前の場所を占有している。さらに、彫刻家たちがこれまでに「慰安婦」像を三〇体制作したように、その物質性は複製可能であり、加えて、搬送可能であり、韓国、アメリカ、カナダの記念公園や博物館あるいは路上に展示することができる。シドニーのインナー・ウエストとカリフォルニアのグレンデール・セントラルパークにある「慰安婦」像をめぐる韓国と日本のコミュニティの最近の論争は、「慰安婦」問題のトランスナショナルな運動として展開している側面と同時に、グローバリズムの時代におけるナショナリズム言説の粘り強さをまさに証明している。

「平和の少女像」の隣の空席は、国や地域を超えて「慰安婦」問題を捉える可能性を呼び起こす。それは正義を大切に思う人、暴力に反対する人、そして、性奴隷として恐ろしい生を生き延びただけでなく、問題がいつか解決されると確信と希望を持って努力しつづける「慰安婦」の女性たちに触発され、敬意を持つすべての人たちへの招待である。

一九九〇年代には、二三四人の韓国人女性が、数十年におよぶ沈黙を超えて性奴隷であった自らの過去について語った。二〇一七年七月の時点で、わずか三七人になってしまった。

第4章　植民地時代へのノスタルジーまたはポストコロニアル時代の不安

——「光復」と「敗北」のはざまにいるドーサン世代

我々が自由になった今、支配は消えたのだろうか。／我々の奴隷になるのは誰だろうか。／植民地時代には、我々は自由になる夢を見ることができた。しかし、自由になった今、我々の夢は何だろうか。／果たして我々は自由になったのだろうか。

——サーダット・ハサン・マント、『王国の終わり』

二〇〇七年六月七日午前、台湾の元総統であり、かつて日本人だったことを自ら公言する李登輝は、長年の願いだった靖国神社への参拝を行った。李は、一九四五年に大日本帝国海軍として戦死した兄を弔うためだけに参拝したと主張した。フィリピンで亡くなった彼の兄〔李登欽〕は、岩里武則という日本名で祀られている。李はマスコミが大騒ぎする中で参拝直前に記者団に対し、今回の参拝は個人的なものであり、いかなる政治的・歴史的解釈も控えてほしいと述べた。また、父親が兄の死を信じなかったため、自宅に位牌はなく、法事を行ったこともなかったという。李の個人的な靖国神社への参拝は、彼が台湾の独立を推進し、中国共産党が主張する「一つの中国」政策を拒む人物として共産党ににらまれてきたこともあって、案の定、中国政府の怒りを買った。

一方、二〇〇七年九月一七日、韓国の親日反民族行為真相糾明委員会は、一九一九年から一九三七年の間に、日本人に協力した韓国人二〇二名に関する報告書を公刊した。「日帝強占下反民族行為真相糾明に関する特別法」によって二〇〇五年に設立した同委員会は、二〇〇六年一二月には一九〇四年から一九一九年における親日反民族行為者一〇六名の名前を公表した。同委員会の公式ウェブサイトで述べられているように、同委員会の目的は「歴史の真相と民族の正統性を確かなものとするために植民地時代における親日反民族行為の実態を明らかにし、社会正義を実現すること」である。さらに、同委員会には「二一世紀初頭における新しい歴史の始まりを準備する」にあたってかつての植民地時代における恥ずべき歴史を是正する歴史的な使命が委任された(1)。

韓国におけるこうした植民地支配の歴史からわかるように、これら二つの出来事のコントラストはこの上なく際立つ。それは台湾人がもっぱら親日的で、韓国人が明らかに反日的であるという一般認識を強国にするものでもある。李にとって靖国神社への参拝は（彼自身の言葉とは裏腹に）、日本による支配を再びつなぎなおし、台湾と日本の歴史的なつながりを再確認する象徴的な行為であった。他方、韓国の親日反民族行為真相糾明委員会にとって、歴史の真相を糾明するその調査は、日本による支配やその象徴的な協力者を歴史から一掃し、植民地支配の記憶から韓国の自主性を取り戻すためのものであった。どちらの場合も個人と国家が絡み合っているが、その関わり方はまるで正反対である。李の兄、より正確に言えば、元被植民者としての彼の英霊は、家族と植民地支配の両方のつながりをよみがえらせる媒介者として復活する。この復活は、李と台湾が日本と歴史的・感情的につながっていることを再確認させるものである（李は、一九八五年に副総統として来日した際は、兄の魂が靖国神社に祀られていたことを知らなかったという）。一方で、親日反民族行為真相糾明委員会が一〇〇五名を「裏切り者」として指定し（なかには財産や資産を死後に没収された者もいる）、その名前と罪状を公表した出来事からは、日本の支配に協力した者を処罰することや、「恥辱の歴史」と根本的に決別するというこの国の決意が明確に読み取れる。

もっとも、台湾の親日主義と韓国の反日主義の相違を詳述することが本章の目的ではない。いかなる推測上の国家的枠組みにもとづく比較方法論も、植民地時代前後における無数の歴史的原因と不測の出来事を説明するには明らかに不十分である。(2) それよりも、私が興味を持つのは、李や日本語族と呼ばれた彼の世代、または司馬遼太郎が愛情を込めて「老台北《ラオ・タイペイ》」と呼んだ人びとの日本統治

(1) 以前に閲覧可能だった公式ページはもう見られない。委員会は四年半にわたってすべての親日派とその活動を分類したのちに解散となった。親日派一〇〇五名がリストアップされ、全二五巻二万一千ページにまとめられた。翻訳を手伝ってくれたリ・ヒョンジョンに感謝する。

(2) 台湾と韓国の日本による植民地支配に対する態度の相違はいくつかの理由が考えられる。第一に、韓国における植民地時代以前の冊封体制下の王朝としての歴史は人びとの間に共通の所属意識をもたらしたのに対し、台湾は清帝国の一部だったにもかかわらず、軽視されがちであったためにその所属意識も希薄であった。第二に、戦後のポストコロニアル状況下における裏切り者の国民党による支配は、台湾の人びとに日本による支配との比較を余儀なくさせた。朝鮮半島における分断体制と米軍による占領は韓国の民族主義をより強固なものとし、日本の植民地支配に対して彼らが共有していた反感を益々強めた。

時代に対するノスタルジー感や親密感を探ることである。私が提唱したいのは、「日本」——それがイメージされたものであれ、リアルなものであれ——に対する好意的で時に強烈な感情は、個人的にも歴史的にも失ったと感じられるものを取り戻そうとする欲望として把握されるべきだということである。七〇代後半や八〇代前半の男性の多く（と一部の女性）は、日本による植民地支配と深い関わりを持った台湾人の最後の世代として、差し迫った彼らの死が日本と台湾の歴史的なつながりの終焉をも意味するのではないかと危惧している。地域的な観点から見れば、東アジアにおいて日本が衰退し、中国が台頭しているという現実により、彼らの喪失感は一層深まっている。私が主張したいのは、彼らの不安はこの地域における大きな歴史的転換の兆候だということである。日本の優位に彩られたアジアにおける近代／植民地支配と、戦後／冷戦体制は終わりを告げたように見える。年配の台湾人が再び日本とつながろうとし、日本の再生を案ずるという状況はその前触れにすぎない。そして、私はこうした年配者の熱烈な声を、単に元被植民者によるノスタルジックなあこがれ、あるいは、取るに足らない者たちによるつかみどころのない幻想と判断することには反対したい。彼らの熱烈な感情は、かつての植民地支配が終焉してからずっと疎外されてきた自らの存在を元植民者に承認してもらいたいという遅まきながらの嘆願である、と私は理解する。彼らのそうした努力は、その明確な親日感情を差し置いても、台湾の国民党や日本政府がそれぞれ支持し、説明してきた（1）植民地支配→光復→国家建設や（2）植民地支配→敗戦→国家建設という図式に待ったをかけるものである。

多桑世代

「哈日族《ハーリーズー》」と呼ばれる現代台湾の若者世代が、もっぱら消費活動によって日本との一体感を形成するのとは異なり、年配の世代は帰属意識、社会秩序、取り残されたことに対する悲しみの記憶を通して日本とつながっている。前述したように、この世代の親日的な台湾人を指す用語には「日本語族」や「老台北」といったものがある。しかし、私は親しみやすくて台湾的な言葉である「多桑《ドーサン》」を用いたい。「多桑」は父を意味する「父さん」という日本語に由来した単語である。「多桑」は〔ポスト〕植民地時代の台湾において台湾語〔台湾で主に本省人により広く話されている言語。閩南語とも言う。台湾で「国語」とされているものとは異なる〕を話す者たちの間でよく用いられ、好意や尊敬を表す言葉である。「父さん」の「多桑」への変化は植民地支配の痕跡だけでなく、文化の変容及び流用の過程をも表している。日本と国民党両方の体制下を生きた自身の父親を題材にした呉念眞監督の一九九四年の映画『多桑／父さん A borrowed life』は大きな注目を浴び、この単語を世に広めた。すなわち「多桑」とは、日本の支配下で青年期を過ごした後、国民党による再植民地化のトラウマを抱えた世代である。国民党の反日政策と独裁政権の下で数年間にわたって声をひそめて暮らしたのち、多桑世代はつい最近になってやっと記憶の中に眠っていた自分たちの思いを語り出した。映画で描かれているように、多桑世代からは男性的な威厳、悲しさ、新たな体制の下で経験した疎外感、彼らの「借り物の人生」にはもはや存在しない「日本」への懐かしさからくる孤独感が滲み出ている。この世代の明白な親日感情や、現代の台湾において表面的には彼らが時代錯誤な存在となったことにより、多桑世代は日本の新保守主義者との間で共感を見出している。多くの場合、台湾人はただ日本の保守的な考え方やナショナリストの考え方を確固たるものに補強する形でのみ日本人に支持されている。植民地状態から（ポスト）植民地状況下への歴史的な転換がもたらしたその複雑で矛盾した感情と、このような元被植民者に対する日本の「責任」は、ほとんど言及されることも、問われることもない。彼らの波乱万丈な人生のように、多桑世代の「他者性」は、彼らが決して所有できず、その消滅を嘆くしかない「日本人性」なるものに再び同化されようとしているのである。(3)

もちろん、多桑世代と日本の新保守主義者との共犯関係は新しいものでもなければ、驚くことでもない。森宣雄（2001）が主張するように、日本在住の黄文雄や金美齢のようなかつての台湾独立運動家たちは、日本による支配を批判していた従来の立場を変え、日本の新保守主義の代弁者となった。森によれば、この極端な転向は一九九〇年代以降の台湾の政治的な民主化が主な原因であり、台湾の民主化によって在日の独立運動家の存在意義が低下したことが背景にあるという。保守化は度重なる政治的な失敗と多桑世代の除け者感によって引き起こされた。その背景に、台湾独立のための戦いや外地における彼らの存在を正当化する必要があったことは言うまでもない。それゆえ、彼らは日本の新保守主義者と協力関係を築くようになったのである。しかし、より重要で示唆的なのは、戦後日本の左翼が元被植民者の声に無関心で無知であったことに対する森の厳しい批判である。森は、進歩派や左派知識人らが彼らの戦後の政治的選択において「親日台湾」と「反日中国／

韓国」という冷戦における二項対立的な枠組みを受け入れてきたと主張する。蔣介石支配下の台湾は表面的にはアメリカの属国であったため、〔戦後日本の左派にとって〕台湾からのすべての声は自動的に反共産主義的で非進歩的なものであった。森は、このような極端な状況が植民地支配の歴史に向き合うことを拒むという日本の元植民者の横柄さを覆い隠してしまったと指摘する。日本の左翼の台湾への無頓着と無関心は、皮肉にも戦後における日本と台湾の植民地支配にまつわる関係性を覆い隠したのである。さらに、一九六〇年代末～七〇年代の日本政府は、帰国後に起訴されることがわかっていながらも、日本在住の台湾独立運動の学生リーダーらを台湾に強制送還し、権威主義的な蔣介石政権を黙認したのであった。

台湾からの日本人論

私が本章のために選んだ著作は、大まかには、日本や日本人について（ポスト）植民地時代に書かれた「台湾からの日本人論」というカテゴリーに分類できるものである。その著作群は（1）時期区分、（2）著作者、（3）言語によってさらに細かく分類することができる。（1）に関しては戦後から戒厳令解除までの時期（一九四五－八七）とその後から現在までの時期に分けられ、（2）その著作には中国大陸人および彼らの子孫を意味する「外省人」、ネイティブ台湾人を意味する「本

（3）この映画の批判的な分析については陳光興（Chen 2002）を参照。

省人」が書いたものがある。（3）に関しては中国語で書かれたものと日本語で書かれたものに分類できる。[4]

黄智慧（2004）によれば、一九四七年から二〇〇〇年の間に中国語で出版された書籍は約四〇冊で、その大半は一九八七年以降に出版されたものであるという。戦後直後は、当然のことながら、外省人によって戦勝国の視点から書かれたものがほとんどであった。本省人が書いた場合でも、外省人の与党が黙認したものしか出版されず、それらには国民党公認の政治的な立場が反映された。かつての植民者と被植民者との間にある個人的な関係に対する感情は、「戦勝国」と「敗戦国」、英雄的な反帝国主義者と邪悪な植民者という二元論の下に包括され、沈黙を強いられる。要するに、戦後直後に日本について中国語で書かれたものは、「侵略された人びと」としての外省人の視点（「植民地化された」という本省人の視点ではなく）が反映されたものであり、その外省人の視点は、抗日戦争中の中国における反日主義をともなうものである。こうした「侵略された人びと」と「植民地化された人びと」の間の微細だが明白な差異は重要である。なぜなら、それがネイティブ台湾人の経験や視点を周縁化するだけでなく、戦後ナショナリズム言説における植民地主義を不可視化させているためである。

かつての被植民者の視点から日本について書かれた書籍の出版が盛んになったのは、戒厳令の解除後、特に一九九〇年代以降であった。一九九二〜二〇〇三年の間、台湾人による日本人論が二四冊も出版された。そのほとんどは本省人によって日本語で書かれ、自費出版されるか、日本で出版される運びとなった。多くは素人作家によって書かれ、主に伝記、回顧録、自伝、詩といった形式が用いられた。日本による植民地支配を激しく批判するものから、その支配を熱烈に支持するものまで、これらの作品では個人の経験が強い感情と信念をもって回顧され、再吟味される。一九九〇年代以降の台湾における民主化運動によって行われたこうした「侵略された人びと」から「植民地化された人びと」への視点の転換は、台湾の歴史、特に植民地時代の歴史に対するより台湾中心的な理解への新たな道を開いた。

私は日本の植民地支配に対する深いノスタルジーと愛着を表す台湾人／被植民者の視点に沿った近作四冊を分析のために選んだ。この選定には一応の理由がある。第一に、これらの作品は、「日本人の誇り」というシリーズの下、新保守主義の言い分が見え隠れする「桜の花出版」という小規模の出版社によってすべて日本語で刊行されたものである。そのシリーズのタイトルは、一度は日本人であったことを誇りに思う元被植民者と、自国に対して誇りを持つことを求められる今日の日本人、この両方の意味で「日本人」を読解するように仕向けているように見える。第二に、これらの著書は、まったく同じとは言えないまでも、石原慎太郎や小林よしのりのような新保守主義者のレ

（4）　外省人と本省人というカテゴリーは戦後の台湾特有のものである。「外省人」とは文字通りに「台湾省の外の人びと」という意味であり、一九四五‐四九年以降に中国大陸から台湾に渡って来た人びとを指し、「本省人」はそれ以前に渡って来た人びとを指す。これらの概念は相互の関係性においてのみ意味を持つものである。

トリックや言説をある程度共有している。そのため、「日本人の誇り」シリーズの著者たちを日本人の操り人形に過ぎないと考えるのも容易いことだろう。しかし、私は（ポスト）植民地時代の台湾／日本／中国の文脈のなかで、彼らのノスタルジー言説を、植民地支配からの解放、そして、最終的には建国へと続く直線的な歴史観から抜け出ようとする動きとして理解しなければならないと主張したい。彼らの声を人生の黄昏にいる人びとの単なる保守的で復古的な戯言と同一視することは、そもそも、彼らの主観を構成している植民地支配の暴力を再生産することに他ならない。また、そうした行為は、植民地支配の両義性と「解放」に対する誤った信仰の問題を見えなくしてしまう。彼らの文章における「ノスタルジック・モード」は、植民地時代の過去から（ポスト）植民地時代の現代に至るまで続いているとある暴力に我々を直面させるものなのである。

「日本人の誇り」

親日派に対して厳しい態度をとっている韓国の立場からすれば、多桑世代は、日本による支配を表立って称賛している点において、「裏切り者」よりもっと悪質な存在に映るだろう。(5) 二〇〇三年から「日本人の誇り」シリーズとして刊行されている楊素秋『日本人はとても素敵だった』(2003)、蔡敏三『帰らざる日本人』(2003)、柯徳三『母国は日本、祖国は台湾――或る日本語族台湾人の告白』(2005)、楊應吟『素晴らしかった日本の先生とその教育』(2006)(6) の著者たちは、唯一の女性である楊素秋も含めて全員がその典型的な多桑世代像に当てはまる。彼らのほとんどは一九二〇～三〇年代に生まれ、皇民化および戦時動員期に学校生活を送っており、若い頃に大きな混乱と消耗感をともなった終戦を経験している。また、彼らは「復権」を果たした国民党政権の支配をも経験し、上記の著作が刊行された時には、すでに彼らは七〇、八〇代の年齢となっていた。私がノスタルジック・モードと呼ぶような彼らの著作の形式を検討する前に、ここでは「日本人の誇り」シリーズの下でこれらの著作に期待された役目をまずもって検討してみよう。(7)

編集者によれば、このシリーズの目的は、日本が不安定に揺れ動く時代において日本人の精神を形成する本質を探究し、再確認することであるという。そのストーリーはお馴染みのものである。まず、ここで言う日本の危機とは、第二次世界大戦後に日本が相対的な経済的豊かさを達成できたにもかかわらず、日本とその国民が他国から尊敬されていない状況を意味する。例えば、中国と北朝鮮に対する弱腰外交や、首相の靖国神社参拝をめぐる一連の騒ぎは、いずれも日本の主権の欠如状態を表しているとされる。編集者は、その主犯が日本教職員組合（日教組）といった戦後組織や朝日新聞などの左派メディアであると主張する。新保守主義者たちの言い方に倣えば、この「自虐

（5）「親日」（中：qinri：韓：chinil）が台湾と韓国で非常に異なったニュアンスを持つことに注意しなければならない。台湾においてその言葉は日本または日本的なものに対する親近感を意味するが、韓国では日本の支配に協力した者、特に親日派（chinilpa）と烙印を押された人びとに対する軽蔑の意味が込められている。

（6）これらのタイトルすべて桜の花出版から刊行されたものである。

（7）このシリーズには、最近、スリランカやインドネシア、そしてフィリピンからの「証言」が加えられた。

史観」が日本の植民地支配を邪悪なものにし、一般的な戦争暴力を越える戦争犯罪を作り出したのであって、南京大虐殺の捏造問題はまさにその最たる事例だという。日本の支配を悪とみなすこれらの批判に対して編集者は、日本の植民地支配は搾取的だった欧米列強のそれとは異なると主張する。むしろ、インフラや教育、「公」の意識、法制度などを整え、台湾と韓国を近代化したとして、それは日本人のみが成し遂げられた模範的な偉業であると、その成果をことさらに持ち上げる。(8)

編集者はこうした文脈にしたがって、日本のアジア「進出」を貪欲さではなく自国防衛にもとづいていたものとして解釈する。いくらかの野心があったにせよ、日本の拡張主義は日本と大東亜共栄圏を西洋の侵略から守るためには不可欠だったとし、日本のすべての行いを美化するのは間違いだとしつつも、このシリーズの目的は「不当に歪曲されてしまっている歴史の事実を客観的に捉え直すこと」にあるというのである。続けて編集者は、植民地主義の恩恵を相互に受けながらも、台湾と韓国の日本統治に対する反応に相異があることを説明する。台湾の場合、一九四七年の二・二八事件〔一九四七年二月二七日、台北でのヤミ煙草取締りにおける役人の暴力が発端となり、本省人の国民党に対する不満が一気に噴出した事件。抗議に集まったデモ隊に発砲を行うなどの弾圧が行われ、多数の死傷者が出た〕に明確に表れているように、台湾全土にわたる国民党政権への抗議活動では、汚職や社会的混乱、軍の加虐行為、経済的な困難への国民的な不安や挫折感が爆発した。国民党政権によるこうした抑圧とさらなる搾取が台湾の人びとを激怒させたため、彼らはかつての支配者を懐かしく思うのだという。一方、韓国の場合、米国の監視の下で反日的な政権が台頭した。韓国の民族主義者たちが韓国の近代化に対する日本のいかなる貢献も否定し、彼らが自国民の優越性と日本人の生来の邪悪さに対する信念を打ち立てて過去六〇年間にわたって人びとを洗脳し、かつ、事実を捻じ曲げてきたと説明されている。

その上で、編集者は、今日も世界中で続く欧米の人種差別と覇権への対抗を掲げ、人種的・地域的な連帯を呼びかける。このシリーズは、欧米とは異なる文明と文化を創造するため、黄色人種国家間の精神的・経済的・政治的なつながりの構築と深化を掲げている。一九四〇年代の共栄圏を再構築するかのように、仏教や儒教の文化を共有する日本、台湾、中国、韓国、タイ、ミャンマー、インドシナ半島、モンゴル、チベット、ブータン、ネパールおよびスリランカは、それらの共通の価値を確認しなければならないと主張し、そうしてはじめて、近代史の大半を牛耳ってきたヨーロッパ人種の尊敬に値するアジア人がそこに立ち現れるのだという。また、彼らは、日本による植民地支配の「肯定的」側面とその今日におけるつながりを説明するため、ククリット・プラモート元タイ首相の言葉で最後を締め括っている。一九五五年、元タイ駐屯軍司令官の中村明人に感謝の意を表しながら、プラモートは次のように述べた〔引用者の意図が伝わるように、桜の花出版が使用する

(8) 出版社からの刊行の言葉は http://sakuranohana.jp/hokori.html で確認できる。ここでの主張は小林よしのりの日本の植民地支配と西洋のそれを「比較」する考え方に影響を受けている。彼はスペインのラテン・アメリカにおける支配を「略奪」型、英国のインドにおける支配を「搾取」型、台湾や韓国における日本の支配を「投資」型に分類した。小林(2000)を参照。

引用で記載。著者や翻訳者の訳ではない〕。

日本のお陰でアジア諸国は全て独立した。日本というお母さんは難産して母体を損なった。しかし、生まれた子はすくすく育っている。今日、東南アジア諸国民がアメリカやイギリスと対等に話ができるのは一体誰のお陰であるか。それは身を殺して仁を成した日本というお母さんがあったためである。一二月八日は我々にこの重大な思想を示してくれたお母さんが、一身を賭して重大決心された日である。更に八月一五日は、我々の大切なお母さんが、病の床に伏した日である。我々はこの二つの日を忘れてはならない(9)。

今日のようなグローバル資本主義の文脈において、古臭い東西二元論を喚起することはばかばかしいほど時代遅れであり、イデオロギー的にも疑わしく思える。それは日本のリーダーシップの下で地域主義の論理を復活させるための弱々しい足掻きに過ぎない。日本が植民地時代に成した偉業の証人として、また今日の日本では語ることのできない抑圧された過去に関する真実の代弁者としてかつての被植民者たちは、迎え入れられている。桜の花出版は、かつての被植民者たちの声を通して日本人であることの誇りを取り戻そうとしており、彼らはその役目を喜んで受け入れているように見える。しかし、私は、彼らのノスタルジック・モードを分析することで、かつては日本人だった彼らの声がそう簡単に取り込んでしまえるものではないということを示したい。

ノスタルジック・モード

日台の植民地時代／（ポスト）植民地時代という大きな歴史的な枠組みの中で、多桑世代は各々の個人史を年代記的に記述しているにもかかわらず、彼らの著作には私がノスタルジック・モードと呼ぶ共通した物語構造や修辞戦略がある。ノスタルジック・モードは、我々に多桑世代の人生とうまく重なり合うある特定のシークエンスにしたがって（ポスト）コロニアリティを眺めるように仕向ける。個人的な経験は歴史的事件の証言となり、歴史的事件は個々の人生の試練と苦難を物語る。このある種の弁証法的手法は日台間におけるつながりや有機性の強調につながる。そのノスタルジックなテキストは主に著者が感謝していたり、あるいは、幸せな思い出を分かちあえたりする具体的な日本人やその集団に想いを巡らせることから始まる。この「平和で安定的な時代」は「優しくて紳士的な警官や軍人たち」そして「素晴らしい先生たち」の存在によって特徴付けられ、教育やインフラ、医療、法と秩序といった日本の台湾支配による数々の近代化の成果が列挙される。日本の植民地支配から享受した利益が述べられた後は、悪名高き二・二八事件や一九五〇年代の白色テ

（9）　この引用文は http://sakuranohana.jp/hokori.html で確認できる。〔そもそも、「プラモード」と表記するのは右派の特徴で、新聞などでは「プラモート」と表記している。そして、この引用文の出どころも怪しく、名越二荒之助編『大東亜戦争その後——世界の遺産』（展転社、二〇〇〇年、一二八頁）では、オピニオン紙「サイヤム・ラット」の一二月八日に記載とあるだけで、何年のものかすらわかっていないが、右派の間では広がり続け、百田尚樹も『日本国紀』（幻冬舎、二〇一八年）で引用している〕

ロ〔二・二八事件以降の戒厳令下の台湾で起きた反国民党運動への政治的な弾圧〕が主に強調され、国民党の冷酷で権威主義的な支配が比較対象として並べられる。そして、これらの作品の多くは、今日における日本人の「退廃」にそれぞれの著者が心配を寄せ、日本人が日台間の歴史的なつながりを思い出して日本を誇りに思うことを切に願う形で締められる。

「素敵だった」や「素晴らしかった」といった言葉選びに表れているように、これらの本のタイトルはその内側にノスタルジーの感覚を含み込み、作られた過去に対する悲しみや愛情を示している。著者たちは、まるで日本の敗戦と本国帰還によって取り残された養子のように、日本の元臣民の役を演じることが多い。彼らは日本による植民地主義の偉大さや善行の証人であり、一九四五年以降に日本社会で否定され、口にすることが抑圧されてきた意見や信念を表す。原題の英語訳が「The Unreturned Japanese（帰らざる日本人）」、「Motherland Is Japan; Fatherland Is Taiwan（母国は日本、祖国は台湾）」であることからもわかるように、彼らは日本国内外の双方において元日本人としての境界に位置し、代弁者としての役割を持つ。ゆえに、彼らは戦後の（ポスト）植民地時代に沈黙させられてきた日本人の良心を代弁することができるのである。

さて、ノスタルジーは後期資本主義におけるポストモダンの美学と政治を理解する上で重要な概念であった（Jameson 1991）。より具体的には、ノスタルジーという概念は歴史的な記号表現（シニフィアン）と記号内容（シニフィエ）の間にある断絶の兆し、または、その原因として考えられてきた。ノスタルジーはしばしば、政治的に非難されるべきで経験的にもあまり支持できないものとして、過去に対する愛着や情動を批判するために用いられている。どちらの批判も過去との適切な関わり方に関する特定の理解に依拠したものである。すなわち、歴史が必然的に解放的なものや進歩的なもの、そして合理的に理解可能なものとして捉えられて以来、過去に対する情動は不合理的な障害として非難されるようになったのである。過去または過去としてコード化されたものにとらわれることは、搾取的ではない生産様式に向けての歴史の進歩的な動きを抑制するものとして捉えられている（Natali 2004）。確かに、多桑世代が表すノスタルジーは、政治的に保守的であり、階級的な特権を擁護するものである。しかし、それはかつての植民者からの承認を求める足掻きでもある。また、（ポスト）植民地時代のノスタルジーは、意図しない形で植民地時代からポストコロニアル時代へ、解放から建国へといった歴史的な進歩に関するイデオロギーを破砕する。ゆえに、それは歴史が改善された状態に向けての進歩であるとするナラティブへの挑戦である。さらに、ノスタルジーは「解放」と「敗北」という二重の節合から生まれた不当な状況に引き起こされたリアルな不安症でもある。多桑世代は、自らが選択したものではない歴史と政治的プロセスの間に挟まれ、日本人からの「解放」と中国人に対する「敗北」が同時に存在する状況に困惑したのである。

また、このノスタルジーは情動に関するものであり、それは親密性とセンチメンタリティに関する身体的な感覚である。柯徳三が日本との関係について抽象的で情緒的に書いているように、「やはり懐かしいのです。私の個人的な感情ですが、日本に対しては、好きとか嫌いという感情ではないです。懐かしいのです。私の体や心の中に染みついた何かがそう思わせるのかも」（Ka 2005：

232）しれない。一方、この感情には物質的な条件もある。柯は次のように続ける。「例えば、私は日本語を使わないと、自分の考えを表現できません。日常会話は台湾語が普通ですが、日本語には台湾語にない言葉が沢山あるからです。文章を書いたり、本を読んだりするのは、もっぱら日本語です。北京語は戦後に覚えた第三の言語で、今でも若者に比べると下手です。しかし、日本語を学ぶことによって、思考や認識が広がり、私という人間形成をする上でプラスとなったことも、また事実です。」（Ka 2005：232）台湾語は主に口語であり、マンダリン（北京語）は「解放」後に押し付けられたものであるため、彼の世代の多くがそうであるように植民地時代の教育システムの下で学んだ日本語が思考や世界観を定義したり、構築していても不思議ではない。柯にとってみれば、こうした植民地時代の状況を切り離して自分自身を見つめることは決してできないことである。それはまさに世界における彼の存在を定義し得るものなのだ。彼はこう続ける。「私は、今日、日本というものからの縁を全部切ろうと思っても切れないのです。やはり育てられた恩恵と懐かしみといったものが残っているからです。日本は私の一部になってしまっているのです。これが私の結論です。」（Ka 2005：233）

柯が述べたことを帝国日本の偉大さを確認するものとして称賛することも（新保守主義者の視点）、ある「協力者」の虚偽意識として批判することも（〔台湾における〕ナショナリストの視点）容易いことである。これらの二つの正反対な読み方は確かに可能であり、こうした独白が読まれる唯一のあり方に見えるかもしれない。しかし、私はもう一つの可能性を主張したい。日本とその元被植民者の不可分な関係性につらなっているその感情は、「歪んだ日本人」という形式を借りて、これまで語れなかった（ポスト）植民地における植民地主義の連続性を証言するものでもある。むろん、今現在も続いているものは以前と同じ植民地主義ではない。忘却され、疎かにされてきた元被植民者が、今もなお否定しがたい植民性の爪痕に覆われながらも自らの主体性を取り戻そうとする動きが反映されたものである。その動きは「日本人」というカテゴリーに完全に包摂されるわけでも、「台湾人」や「中国人」として完全に定義されるわけでもない植民地差異を表している。

「日本精神」

これらの著者たちは、植民地時代にはあって今にないものを振り返るとき、口を揃えて（ポスト）植民地状況下の台湾でも、現代の日本でも「日本精神」が失われていることを指摘する。そして、多桑世代がいかにその精神を体現し、継承しているかを述べる。小林よしのり（2000）は『台湾論』の中で、日本ではすでに忘れ去られた日本精神が台湾でのみ見つけられるとして感動とともにそれを示した。しかし、「日本精神」という概念が戦時動員と関連のある「国民精神」という漠然としたものとは異なることを理解することが重要である。森宣雄が示したように、台湾語で「リップンチエンシン ribunjingshin」と読む「日本精神」は明らかに戦後および（ポスト）植民地的な用語である。台湾人が一般的に日本語の「日本精神」よりも「ribunjingshin」という台湾語の発音を用いることは、この植民地的差異をただただ際立たせる。日本国家や天皇への献身と傾倒が投影される

「nihonseishin」とは異なり、「ribunjingshin」は社会的エチケットや共同行為に関するより日常的で実践的な理解を意味する。それは国家というより、毎日の生活や組織に関するものとして理解されるものである。小林よしのりを含むほとんどの日本人の新保守主義者は、想像上の理想的な過去を切に取り戻したがっており、しばしば彼ら自身の「nihonseishin」の概念を台湾の「ribunjingshin」に投影する。だが、その台湾語的な言い回しは道徳的で倫理的な美徳を表す態度や行為を指し示し、時間厳守、正義、勤勉さ、遵法精神、責任感、誠実さ、人間性といった美徳のように、人間社会全般に関わるより幅広い行為の範囲を表す。ここで重要なのは、こうした態度が「日本」それ自体ではなく、中国大陸から来た裏切り者の政府との対比において日本統治の「時代」を知覚するあり方と関係があるということである。日本統治時代が正しく、公正で、秩序立ったものとして表れるのは、(ポスト)植民地時代におけるもう一つの植民地支配へのトラウマによってのみ可能になる。それゆえに、日本統治時代に対するノスタルジーは――その時代における支配も実際には差別的で不当なものだったにもかかわらず――元被植民者を疑い軽蔑した国民党政権の権威主義的なあり方や「解放」において蔓延した背徳行為をことさらに浮き上がらせる。かつての被植民者は「ribunjingshin」を〔日本統治時代と国民党統治の対比の中で〕「より大きな善」のための道徳・倫理的な行動様式、実際には公共哲学と結びつけることによって、現代日本ではそれが消失してしまっていることを嘆き悲しみ、また日本の社会病理を見出す。例えば、彼らは社会病理の原因を共通の善という概念を放棄した自己中心的な大衆の増加に求める。現代社会の退廃を批判していく中で、多桑世代は日本人の新保守主義者らとよく似た保守主義を共有し、日本の再生を自らの喫緊の課題として見出しているのである。

このように「ribunjingshin」へのノスタルジーが日本そのものではなく、日本統治時代に対するものであるとすれば、「ribunjingshin」の喚起はそのほとんどが一九四五年から一九八七年までの国民党による解放後の支配との対比において行われていることになる。そして「ribunjingshin」は(ポスト)植民地時代を批判的に捉えるその想像された時代を下支えし、「中国」と「台湾」の間にある共約不可能性や分裂をより際立たせる。日本の支配と中国の支配との対比は、一般的に近代性/原始性、敗北における気高さ/勝利における貪欲さという図式で行われ、戦争における敗者と勝者との規範的な関係を覆す。著者たちは、中国軍に乗っ取られた時のイメージとして彼らはやつれた乞食のようであり、軍の規律も欠如していた、と一様に口を揃えて評している。彼らの愚かさは文章化され、ある中国人の兵士が電球をコンセントにつなげずにスイッチを入れようとしたとか、蛇口を買って壁に取り付けたのに水が出ないと店員に怒鳴ったといったような近代技術を理解できなかったり使用できなかったりする様子が、様々なエピソードの中で繰り返し強調される。そのような繰り返される物語や風刺が、日本はアメリカに負けたのであって中国に負けたのではないという思いをますます強めていく。

このような原始的な中国兵の物語は、台湾の国民党による支配を正当化した「光復《グァンフー》」言説を覆す。脱植民地化は第三世界では独立、中国共産党にとっては「翻身《ファンシエン》」または「解放《ジエファン》」を意味するが、台湾におけるそれは、標準的な第三世界言説とは異なり、解放または独立ではなく、祖国中国への「光復」であった。国民党が中国代表としての自身の象徴的な正統性を保持し続けたため〔国民党は国共内戦で共産党に敗北し、中国大陸を追われるが、依然として「中華民国 Republic of China」が中国大陸の正当な継承者という認識を持っていた。そして、こうした認識は戒厳令解除後にも続き、中国大陸は未だ光復未完の地とされた〕、台湾における中国人の「光復」は、台湾人が日本による五〇年間の「奴化《ヌーホワ》」から再中国化されることを意味した。注目すべきは、韓国語や中国語で帝国日本への協力者という内なる「他者」を表象するあり方と、中国語で台湾人を表象するあり方との間における微細だが、決定的な差異である。日本への協力者を表す韓国語と中国語の単語がそれぞれ親日の一味を意味する「親日派《チニルパ》」や漢族の裏切り者を意味する「漢奸《ハンジエン》」である一方、台湾における日本統治時代は「奴隷化」の時代として捉えられているのが示唆的である。台湾人は総じて日本の「奴隷」として捉えられているのである。植民地時代を「奴隷化」と表現することで、国民党は自らを優れた文化として正統化しただけではなく、その絶大な力を「非奴隷化」することやすべての植民地支配の残滓をあらゆる手段を使って駆逐することに利用した。親日派や漢奸といった彼らの内なる「他者」は必ず裁判にかけられて見せしめとして処刑されなければならないが、他者に所有された「奴隷」は、ナショナリストによって「救われなければならない」対象であるだけでなく、「再教育」して文化を「再構成」しなければならない対象となる。そのため、「奴隷化」という見方は言葉から教育、服装から建築に至るまで、日本の植民地支配と関連のあるすべての痕跡の「根絶」の必要性につながった。この「交替」の時期に、台湾の知識人たちは近代的で有用なものを日本的なものから中国的なものに再構成する「翻訳」に関してより穏健なプロセスを求めた。しかし、この求めは中国化という愛国的なプロセスに埋もれて完全に無視された[10]。その結果、台湾の知識人たちは脱植民地化における活動主体としてのすべての役割を剝奪されてしまった。その代わり、彼らは再中国化の受動的な対象となったのである。

こうした中で、「勝利」した中国軍の原始性は新たな政権で横行した腐敗と残虐性によって一層際立っていった。すべての著者が一九四七年二月二八日について言及しているが、当時、軍による弾圧は過酷で、数万人の台湾人が殺害され逮捕された。混乱の中、台湾人は、台湾人と中国人を区別する唯一の手段として日本語を用いた。侯孝賢監督の『悲情城市（The City of Sadness）』（1989）のワンシーンは、植民者の言語が「解放する」人びとへの対抗手段となるアイロニーを見事に表している。解放は、中国共産党に敗北した後に台湾に移ってきた国民党による四〇年間にもわたるこのような権威主義的な支配をともなった。二・二八事件の後も、思想統制による白色テロの時代は続き、冷戦体制下における反共主義に依拠して政治的な弾圧が継続的に行われた。さらに、国民党は台湾の支配を強化し、台湾人を「奴隷」状態から再教育するための様々な反日政策を打ち出した。「ribunjingshin」や日本の植民地時代への憧れは、多くのノスタルジーとは形が異なり、単に現状

（10）　この短い可能性の時代についての重要な文献としては黄英哲 Huang Yingze（1999）が挙げられる。

に対して消極的で保守的に反応したり、失われていく特権を嘆き悲しんだりするものではない。むしろ、こうした過ちに対する償いと是正を積極的に求めているのである。ほとんどの第三世界主義者にもてはやされた植民地主義→反植民地主義→解放→建国という直線的なナラティブに対し、台湾のこのような状況は間違いなく問いを投げかけている。

ナショナリスト政権による台湾の第二次植民地化へのカウンターナラティヴとしての「ribunjingshin」へのノスタルジーは、文化主義的で人種差別的な反中態度を多桑世代にもたらした。多桑世代の解放後の経験は、中国人は嘘をつきやすくて信用ならず、いつも自分たちの行為を正当化し、もとから堕落しているという認識を彼らの心に定着させた。「外省人の義兄弟」であったり、「無礼で万引きをする中国人観光客」といった一般化された言い草まで、すべての外省人や本土人は、悪魔とまではいかないにしろ、狡猾で堕落しており、横柄だと一括りにされてステレオタイプ化される。日本統治時代がよりましで公正なものとして正当化されるにとどまらず、日本の植民地主義に対する批判は、すべて中国人による陰謀や誹謗中傷だとさえみなされる。中国が顕著に頭角を現す中で、多桑世代は、そうした頑なな反中を掲げながら、退廃しつつある日本国民にその過去の栄光や実績を思い起こさせる謙虚な元被植民者として晩年の自分たちを位置付けている。元被植民者の承認に対する切なる願いと元植民者の国家再生への欲望は、「ribunjingshin」と「nihonseishin」の両義的かつ二重の意味合いによってつなぎ合わされる。元被植民者が否定された未来を想像することで、そのエートスは両者に共有される。また、多桑世代は、自らの現代日本に対する意見を

「批判」ではなくかつての日本人からの「親切な助言」として位置付けようと努力し、自らの老いた姿を嘆き悲しみつつも、自身の微弱だが純粋な活動を通じて日本が目覚め、復興することを願う。彼らは、日本人が日本と台湾の植民地関係について歴史意識を高めるように、戦後復興期や植民地支配期に日本人が有していたはずのプライドを取り戻すように、そして、一昔前の美しくも素晴らしき国民を思い出すように促しているのである。

日本との再接近や日本再生に対するこうした欲望から明確にわかるのは、多桑世代が繁栄著しい中国に深刻な脅威を感じ取っているということである。いずれのテキストも中国の台頭を地域の共栄に対する脅威として指摘する。彼らは未だに旧型レンズを通して新しい中国を見つめており、「見える」中国の驚くほどの経済的成長と、未開発の中国という彼らの記憶の中にある「信念」の間にあるギャップをうまく調整できずにいる。私が示したいのは、台湾における中国不安や日本との再接近および日本再生への切迫感は、一九世紀後半から戦後のポスト植民地時代にかけて台湾が組み込まれて来たアジアおよび日本の近代／植民地モデルから成り立つ東アジアの地域秩序における大きな転換を表している、ということである。この不安が示しているのは、まさに東アジア地域で唯一リーダーの座についていた日本の失墜である。韓国や台湾、そして中華圏と呼ばれる地域の経済的・文化的な発展にともない、日本はその近代／植民地史上初めて近隣諸国と対等に向き合わなければならなくなった。日本中心的なモデルが陰りを見せたことで、新保守主義者たちは「日本人の誇り」を取り戻そうとするようになった。多桑世代にとってそれは、様々な植民地時代における波乱万丈な彼らの人生を意味付けようとする試みでもある。それは切実な承認欲求であり、彼らの死とともに忘れられ、その遺体とともに葬られる切り刻まれたアイデンティティである。敗戦後に日本の植民地主義に見放され、日本が残した遺産のために国民党に抑圧され、彼らは家族や友人と家の中でしか自分自身の気持ちを表現できなかった。日本の新保守主義者が彼らの記憶と物語を必要とする唯一の集団となったことは、植民地主義の痕跡の執拗さと日台間におけるポストコロニアル状況の甘くもほろ苦い有り様を物語っている。

結論

フランツ・ファノンは脱植民地化を常に暴力的な現象だと言った。ファノンのいう脱植民地化とは「単純にある「種」の人間が別の「種」の人間にとって代わられることにすぎない。過渡期も経ずに完全で絶対的な交替が行われる」ことを意味する。それは「後なる者が先になり、先なる者が後になる」歴史的なプロセスである(『新約聖書』マタイ伝第二〇章一六節の言葉。元々の意味は、後から入信した者が先に救いを得ることもあり、救いは年功序列的に何らかの対価として得るものではなく、神から一方的に与えられるというもの)。彼は、このような運命の逆転が起こり得るのは「殺人的で決定的な闘争が両主役間で行われた後で」のみだと我々に警告する(Fanon 1968 : 37)(ファノンは脱植民地化を植民地化されて「物」とされた原住民(後なる者)が一切の社会的な障害を打破して前進し、植民者(先なる者)に対して勝利を収めんとする激しい対決として理解しており、その対決の中ではあらゆる手段が動員され、暴力もまたその一つと考えた〕。日台間における脱植民地化プロセスは暴力的であった。しかし、その暴力は植民者と被植民者ではなく、解放を迎えた半被植民者と被植民者の間で行われた。ファノンは解放後の民族ブルジョアジーの下で植民地の構造が再生産されることや新植民地主義との関連について警告したが、台湾における脱植民地化は、「解放による再植民地化と敗北による脱植民地化」という異なる二つの事象が相互に関連を持ちながら展開するプロセスを生み出した。解放は、以前の植民者が残した植民地の構造が継承され、そこに住んでいた人びとをその外部から支配するもう一つの形態となった。このような（ポスト）植民地の状態において、後なる者は後のままとなった〔台湾の被植民者（後なる者）は、日本が去った後に彼らが主役になることもなく、外からやってきた国民党によって再び植民地化された〕。旧植民地において日本の敗戦は激しい闘争もなしに帝国日本が一掃されることを意味した。単純に敗戦が脱植民地化に置き換わったのである。先なる者は後にならなかった〔台湾の被植民者（後なる者）が帝国日本（先なる者）と対決して勝利を収め、両者の地位が劇的に逆転するというプロセスは起こらなかった〕。まさに私が日台間における「非脱植民地化 nondecolonization」と呼ぶ（ポスト）コロニアリティの逆説的なあり方である。非脱植民地化とは、一つの歴史的な形態として、植民地化→脱植民地化→解放という目的論的な言説を問題視する考えである。私の目的は、もし「真」の脱植民地化が行われたのならどうなっていたのかを想像することではない。むしろ、非脱植民地化は東アジアの（ポスト）コロニアリティの複雑で暴力的なプロセスを指摘するものであり、東アジアにおける反日主義や親日主義はそれが遅れて現れているに過ぎない。日本は常にアジア近隣諸国に対してアンビバレントな関係を築いてきた。日本は、人種的には近いが文化的には優越といったように、自分自身をアジアの一部であると同時にアジアからかけ離れた存在としてみなした。このような近代／植民地的な観点は、中国、そして韓国や台湾といった他のアジアの国々の台頭によって急速に時代遅れのものになってきている。近頃、在日二世の政治学者姜尚中が、日本はアメリカの従属国として尽くし続けながらアジア近隣諸国を無視し続けるのか、日本は「アジアの孤児」になろうとしているのか、と問いを投げかけたことは多くを物語っている。姜尚中が今日の日本を表現するのに「孤児」という言葉を使ったのは皮肉である。台湾作家の呉濁流によって戦時期に日本語で書かれた『アジアの孤児』という本は、主人公が日本の植民地主義からも中国のナショナリズムからも拒絶された後に台湾人としてのアイデンティティの実現に苦しむ姿を描いている(11)。多桑世代の承認欲求は彼らの植民地的アイデンティティと（ポスト）植民地的アイデンティティのアンビバレンスに由来している。柯徳三は、植民地時代に日本を訪れた際に日本人から「どこから来たのか」と尋ねられたことについて書いている。柯が彼らに「台湾」と答えると、首狩りをする原住民と関係があるのかと尋ねられたという。（ポスト）植民地時代において、どこから来たのか、なぜそんなに日本語が流暢なのかという質問は未だに続いている。戦後や（ポスト）植民地時代の日本人はかつて日本人だった人びとの存在を理解できていない。こうした元被植民者のことを思い描く能力のなさは、戦後日本において植民地主義に関するより大きな忘却が起こる兆候である。あいにく、時間は多桑世代の味方ではないかもしれない。

（11）英語版は Wu & Mentzas（2006）を参照。

第5章　〝愛という名のもとに〟
――批判的地域主義とポスト東アジアの共生

「愛は敵を友人に変えることのできる唯一の力である」
――マーティン・ルーサー・キング・ジュニア

二つの写真とともにこの章を始めたい。二〇一二年の秋、中国で反日集会が行われた時、集会に触発された画像、ビデオ、ツイート、チャットが、中国で最も人気のあるマイクロブログであるシナ・ウェイボー（新浪微博）などのソーシャル・メディアで拡散した。二〇〇五年の抗議集会も激しいものだったが、今回はその頻度や過激さが増していた。日本ブランドの店舗の多くが、抗議行動の参加者たちによって破壊された。そのため、店主や消費者は、家電製品のブランド名を黒く塗ったり、テープを貼ったり、中国人所有の店だと主張したりして、中国への愛国心を表した（もしくは、おそらく抗議行動の参加者の愛国心の矛先をかわした）。一枚目の写真は、ある中国の都市で日本ブランドのニコンとソニーを宣伝する店先を写したものである。

この写真には、ニコンの黄色い宣伝の下に、小さくくっきりと赤いネオンで装飾された「卑劣な日本人をやっつけろ・蒼井そらを生け捕りにせよ・釣魚島を返せ！」という文言が写っている。この電光板は、まぎれもなく、怒れるデモ隊から店舗を守るためのものだ。「卑劣な日本人」や「釣魚島」などの言葉は、中国のナショナリストとの連帯を示している。では、元AV女優の蒼井そらについてはどう解釈すれば良いのだろうか。日本のアダルトビデオは、アジアの（闇）市場を独占している。蒼井は以前、その中で最も有名なスターだった。のちに主流メディアでも活躍し、アジアの他の地域の市場でもデビューした。二〇〇八年三月には日本人観光客役でタイ映画『ホルモン』に、二〇〇九年三月には韓国のテレビドラマ『韓国語学堂』に、二〇一一年四月にはインドネシア映画『ススター・クラマス2』にも出演した。しかし、二〇一四年までに、彼女が最も多くのファンを獲得したのは中国であり、その中にはアダルトビデオを消費しない女性まで含まれていた。その頃、蒼井はシナ・ウェイボーで一三〇〇万人以上のフォロワーを獲得しており、ファンからは「蒼老師《ツアンラオシー》 Teacher Cang」の愛称で親しまれていた(1)。

九月一四日の反日抗議運動の際、蒼井はシナ・ウェイボーのアカウントに、日中「友好」を呼びかける毛筆の文字を投稿した。蒼井の純粋ともナイーブとも見える平和への願いは、予想通り複雑な反応でもって迎えられた。嘲笑する者もいれば、称賛する者もいた。また、軽蔑する者もいれば、黙認する者もいた。おそらく男性だと思われるファンは、蒼井に同情しながらも（政治は男が司る厄介な仕事であると）政治に首を突っ込まないようにと勧めたが、ほとんどのファンが、蒼井が以前AV女優だったことを性的な言葉で露骨に言及したり遠回しに彼女をからかったりした。蒼井の二国間友好への「公的」な空間での呼びかけと、中国人ファンによる蒼井への非難の「私的」な体験に、私たちは蒼井に対する「愛」と、中国という国家に対する「愛」は、同じ基準で考えることができないものであることを発見する。つまり、蒼井に政治的発言を避けるように促したファンは、（国家や民族への愛といった）ある種の親密性を表現するために、（自慰や視覚的な快楽といった）ある種の親密性を代用する。写真に現れたスローガンのように「蒼井を生け捕りにする」ことで、公と公的な（?）欲望の矛盾を少なくとも一時的に解消し、国家に対する愛着を自分たちで満足させ、彼らの「偶像」をも所有するのである。そしてここに現れるのは、粗野であれソフトであれ性差別的な「敵の女を犯せ」という使い古された慣用句を繰り返す男権主義的な言説であることがわかる。つまり、一方で愛国心を公的に表現しながらも、他方でポルノ女優が私的な空間で行うパフォーマンスに対する愛を隠すのである。一見まったく異なって見えるこの二つの情動をつなぎ合わせるのが、肉欲と男性性である。もしかすると、二つめの情動は、「愛 love」の代わりに「色欲 lust」と記した方が良いのかもしれない。愛とは異なり、欲望としての色欲は、対象の主観的な状態や願望に対して無関心であることはもちろん、それらを識別しないと考えられる。それに対して、愛は相互の感情や唯一無二で崇高なものを意味すると考えられている。

インターネット上で流布している二つめの写真は、前述のものとは正反対の感情を表わしている

（1）「ツァン（Cang）」は、標準中国語で「蒼井」の「蒼」の拼音表記である。

ように見える。この写真では、若い中国人女性が視線を下に向け、ポスターを持っている。ポスターには、「私たちは戦争、地震、洪水を乗り越えた。これはファシズムではない。私たちの領土は決して戦いや、破壊、炎上を土台とするものではない。これは文化革命ではない。全世界が私たちのオリンピックを見たではないか。暴力を止めよう。私は、私の国家が愛に満ち溢れていることを覚えている」という文言が書かれている。男権主義的で、性的で、そして報復的な前述のナショナリストのメッセージとは異なり、白地に黒文字のこのシンプルな宣言は、はるかに穏便で、反日抗議者の群衆心理を批判しているように見える。フランツ・ファノンによる人種差別の定式化を借りて、最初の写真を「下品なナショナリズム」と呼ぶとするならば、二つ目は「上品なナショナリズム」とでも表現できようか。このポスターは、まずファシズムと文化大革命という過去の悪夢から現代の中国を切り離す。そして、人災と天災に対する中国人の回復力を強調し、北京オリンピックの成功を国家の発展と成長の証であると主張する。その上で、抗議者に暴力をやめるように呼びかけるのだ。このような悪意のないナショナリズムを浮上させるのが、ポスターに大きく描かれている「愛」である。蒼井は「友好」を求め、空虚で、浅はかで、ありがちな外交的意思表示を行なった。同様に、このポスターは中国の国家を一つにまとめる根本的な原理として、愛を描いている。しかしこの方法にまったく問題がないわけではない。マイケル・ハート（2011）が論じているように、この種の愛はアイデンティタリアン〔第二次世界大戦後のヨーロッパの白人優勢主義者に通じる考え。ヨーロッパの土地はヨーロッパの白人に所有権があるとする考え方〕的であり、非変容的である。程度や強度が異なるにせよ、ナショナリズム、ファシズム、人種差別などを特徴付けるものは、同類の愛だ。しかしハートによれば、政治的概念として適切な形で説明される愛は、統一を促す衝動に抵抗し、差異や多様性を受け入れるものでなくてはいけない。そのような概念は、他者への愛でなくてはならないし、新たな社会的紐帯や、協力体制を創造する力に対して開かれたものでなければならない。では、下品／上品なナショナリズムの両者を乗り越えるような、政治的な概念としての愛を私たちは、いかなるものとして想像できるだろうか。私たちは、原理主義的な政治闘争やリベラルな文化交流を超える、東アジア間の関係を想像しなくてはならない。このような関係性を可能にする東アジアの新しい繋がりや主体性を作るために、政治的概念としての愛は何ができるのだろうか。本章では、愛に関する四つの表象を考察する。これらの表象は、戦後のポストコロニアル状況下の東アジアにおける愛の表象、すなわち愛という政治的概念の表象であり、国境を越えた親密さと、準国家的な親密性の可能性を垣間見せる。(2)

(2) 私がここで論じようとしている政治的概念の愛とは、愛に関する歴史上の重要な出来事とは異なる。また、異性愛規範の概念に沿ったセクシュアリティでも、アラン・バディウとニコラ・トリュオングによる『イン・プレイズ・オブ・ラブ』(2012) で言及されたカップルという概念を全世界的なものにするようなものでもない。バディウは、近代的な恋愛と、それに内在し人びとを魅了する危険性、相違点 (ある絶対的な唯一の存在の視点から抽出されたものではなく)、そして再生について考察している。バディウは愛を、技術化され、商品的になったブルジョア的な関係性から救い出すことを試みている。

本章では『ゴジラ』(1954)、『絞死刑』(1968)、『墨攻』(1992-1996)、そして『息づかい』(1999)の四つの作品に、愛という概念がどのように表現されているかを考察する。これらの作品を決して恣意的に選んだわけではない。本書で既に考察している作品もある。したがって、ここではこれまでの章とは異なる多様な解釈の可能性を探りたい。私はこれら四つの作品には、国家や同属への愛を超越して、私たちに感情的な帰属の可能性を垣間見せるような政治的概念としての愛が表象されていると考えている。制作時期や上映された時代が違うため、これらの作品には異なる歴史背景がある。私がこれらの作品を選んだのは、愛に関するある解釈が可能であったり不可能であったりすることが、特定の時代の政治状況によって変化することを示したいからである。これらの四つの作品を順番に、「戦後」「ポストコロニアル時代」「バブル景気後」「脱国家時代」と設定し、以下を論証していく。まず、『ゴジラ』における愛の三角関係に焦点をあて、戦後日本における伝統的な愛から近代的な愛への移行を論証する。しかしながら、伝統よりも近代を称賛したいわけではない。むしろ、非恋愛的で「伝統」的な婚約を犠牲にできるかどうかによって、近代的なパートナーシップが認識され、実現すると論じたい。そうすると、「伝統」的な結婚というのは、近代的なロマンティック・ラブの外にあるのではなく、むしろロマンティック・ラブの可能性の条件そのものなのである。『絞死刑』では、ポストコロニアルな主体であるRが「姉」への愛を通して、朝鮮民族と自分を同一視することを拒む。彼の「姉」は、反植民地主義的なナショナリズムの道義的良心を表している。Rは「姉」への愛着があるにもかかわらず、ディアスポラ状態で日本に住む在日朝鮮人としてい苦しみ続け、朝鮮民族として一括りにされることが、現在彼が置かれている苦境とはどこか違うものであると気づく。連載漫画の『墨攻』では、墨家〔諸子百家の一つで、兼愛説（相互愛の普遍化）と非攻説（反戦平和）などを唱えた〕が提唱する公平な愛が描かれており、公平な愛と反戦主義をつないできた戦争の歴史を批判している。この公平な愛（兼愛）によって、日本のバブル後、狂信的な愛国主義が台頭する時代に、日本と中国は共通の先祖を持っているという繋がりが再節合された。『息づかい』では、家父長的な韓国と日本の国家によって謝罪と賠償が継続的に否定される中で、母親と娘の間の無条件の愛を通して「慰安婦」の名誉が救済される。外交的な公の場ではなく、私的な親密性の中でこそ、和解の政治が可能になる。四つの作品を分析することで、私的な親密性を単に例示するのではなく、むしろ異性愛規範や国家の政治に沿った和解の外側にある関係性のヒントが提供されると信じている。これらの作品によって私たちは、従来とは異なる方法で、愛を想像できるのである。

『ゴジラ』、ロマンティック・ラブ、戦後日本

『ゴジラ』（1954）は、「戦後初のメディア・イベント」として、日本の映画史における代表的な作品となった（Kushner 2006：41）。この映画は、日本を国際的な舞台へ返り咲かせた時期の作品で、米国の占領下で検閲を受けずに済んだ最初期の映画でもあった。また、世界に向けてフランチャイズ化された初めての日本映画でもあり、ハリウッドの怪獣映画としてもリメイクされた（といって

も非常に出来の悪いものであった)。スーザン・ネイピアは、『ゴジラ』はいくつものイデオロギー領域において作用すると論じている(Napier 1993 : 331-332)。第一に、『ゴジラ』は広島と長崎への原子爆弾の投下によって起こされた悲劇について言及し、アメリカの原子核科学が、危険で不快なものとして描写する(アメリカ版では、核の被害を受けた同地の三〇分にも及ぶシーンが削除されている)。第二に、この作品は日本の優秀な科学研究が、邪悪で危険な怪物に勝利し終わる。結末では、日本人の科学者芹沢が「オキシジェン・デストロイヤー」を使い、核の野獣であるゴジラを打ち負かす。したがってこのシーンでは、「歴史の書き換え」が示唆されている。アメリカではなく日本が、世界の救世主として姿を現すのである。ファシスト体制を敷く戦中の軍国主義とは対照的に、犠牲をともなう芹沢の人道主義によって、非核で、象徴的「反米」で、一時的ではあるが日米の権力関係を覆すような新しい日本が浮上する。しかし、映画評論家からあまり指摘されてこなかったのは、芹沢と恵美子(山根教授の娘)と、尾形の三角関係である。山根の同僚の芹沢は、恵美子との見合い結婚を約束されていた。けれども、恵美子は尾形に想いをよせ、芹沢との婚約を破る。それでも恵美子に思いを寄せ続けていたと思われる芹沢は、実験や発明の内実について恵美子に話し、口外するなと注意する。恵美子は、芹沢が作った秘密兵器の威力に衝撃を受け、怪獣を一刻も早く退治したい思いから、芹沢の忠告を無視して、尾形に兵器のことを伝える。尾形と恵美子は、その兵器をゴジラの退治に使用するように、芹沢に懇願する。彼らの説得に駆り立てられた芹沢は、悩んだ末に「オキシジェン・デストロイヤー」が悪の手に渡る恐れがあるとして、二人の頼みを断る。しかし、ゴジラによる惨状と被害者の苦しみを目の当たりにし、テレビに映る女学生が歌う曲を聞いた後、芹沢も心を変える。ここで重要なのは、芹沢の犠牲が、ゴジラを（そして芹沢自身も）滅ぼすだけではなく、戦後の個人主義、民主主義、恋愛の象徴である尾形と恵美子の勝利も可能にさせる、ということである。芹沢の（全人類と恵美子に対する）犠牲的な愛が、国家的／個人的な危機の両者を解決するのだ。

アンソニー・ギデンズ（1992）は、既存の（したがって、不平等な）ジェンダー規範とセクシュアリティに基づく「ロマンティック・ラブ」が、「一つに融け合う愛情」に取って変わられたと論じている。この「愛」は、異なる性別間の補完的な関係に基づくよりも、セクシュアリティを民主化し、個人の自由へと導く可能性のある女性解放や自立が可能にした、ライフスタイルの選択や状況に基づくものである。このようにギデンズは、アメリカ合衆国のような後期の産業化社会におけるセクシュアリティと民主化を取り上げて論じるが、彼の「ロマンティック・ラブ」と「一つに融け合う愛情」を区別する考え方は、近代、ならびに、それによって高まった民主化における愛の歴史性を考えるうえで大変有効である。[3] この議論を、ウィリアム・レディ（2012）は、三つのケーススタディを用いて歴史的に論じている。彼によれば、生理的な欲求としての性欲を罰する神学的な考え方を克服、そうでなければ、かわす手段として、「ロマンティック・ラブ」の概念が一二世紀のヨーロッパで出現したという。西洋的な「ロマンティック・ラブ」の概念には、「真実の愛」と「身体的な欲求としての性欲」の対立が基礎にある。レディは、同時期の南アジアと日本のケースを分析し、愛と欲望の二項対立がヨーロッパと比べて存在していなかったことを発見した。このようにギデンズとレディは、一見近代的、個人主義的、進歩的なイメージのある「ロマンティック・ラブ」の概念の保守性について注意を喚起する。『ゴジラ』については、「ロマンティック・ラブ」と「見合い結婚」の間の緊張関係とその解決方法を、第1章で論じた反米主義と戦後日本の文脈において理解する必要がある。芹沢は、ゴジラを破壊する最新技術を発明・所有しているが、彼自身は戦争の被害者であり、名残である。彼は、太平洋戦争中に負傷し隻眼となった。また、彼の山根博士への敬意と、博士の娘である恵美子と見合い結婚への欲望は、解放され民主化されたはずの戦後日本が、アメリカの占領下で根絶やしにしようとした人間関係の階層構造を象徴する。

芹沢は、放射能にさらされたゴジラのように負傷し、外見も醜くなり、戦争と核の惨禍のトラウマを象徴する人物である。したがって、芹沢とゴジラが惨死し（もしくは、歴史の中に葬られ）、新しい日本が誕生するのは驚くことではない。しかし、この映画は、民主主義、非武装化、自由といった戦後の価値を単純に推奨するものとは相当かけ離れている。忠誠心と義務を守る男として芹沢は、（おそらくこのような特徴は、ファシズムへ貢献するものであるが）、そして怪獣と酷似する者として芹沢は、嘆き、郷愁、気高さなどの感情を観衆から引き出す。芹沢の犠牲と比べ、恵美子と尾形の恋愛は自分勝手で卑怯なものとしてしか映し出されない。その意味では、価値観がわずかに転換した戦後、戦争の亡霊と核の惨状が、新しい日本を再び悩ませていると言える。芹沢は、人間性と近代的な愛のために犠牲となった。言い換えれば、芹沢の愛は、個人または日本人を超え、人類全体にまでも及ぶ。恵美子と尾形によって象徴された近代的な愛は、「伝統的」な見合い結婚が解消されることで初めて可能になる。この意味において、真の戦後近代日本は、見合い結婚のような「前近代的」な慣習の終結によって浮上する。しかしながらこのような「伝統的な愛」は、広範囲にわたるもので救済的なのだ。この点において『ゴジラ』は、戦中の軍国主義から戦後の民主主義へのうわべだけの転換に疑問を呈している。恵美子と尾形の恋愛を描いているが、その二人の関係を実現するために、別の形の愛が映画の結末で描写される必要があった。

『絞死刑』、愛、国家、ポストコロニアル日本

『絞死刑』(1968)は、安保闘争が敗北に終わった時期に作られた大島渚の作品で、批評家から最も称賛された映画である。(4)『ゴジラ』が戦後から戦後の終わり、つまりアメリカの「逆コース」によってもたらされた敗戦国から経済が活発化された国家への移行を表していたとすれば、『絞死刑』は、

(3) ギデンズは例えば、「ロマンチック・ラブと異なり、一つに融け合う愛情は、性的排他性という意味での一夫多妻制的な関係では必ずしもない。純粋な関係性を一つにまとめ上げているのは、関係の継続を価値あるものとするに十分な利益が二人の関係から互いに得られる点を、双方の側が、「追って沙汰のあるまで」認めあることである。この場合、性的排他性は、二人が互いにそうした性的排他性を、どの程度望ましい、あるいは不可欠なものと見なすかによって、関係性のなかで重要な役割をはたしていくのである(Kindle loc. 983 of 3627)」と論じている。

政治的敗北から文化的前衛主義への移行を強調する作品である。ブレヒト的な美的感覚に影響を受けたこの作品は、死刑に関する議論を前面に出しながら、在日朝鮮人が直面した差別、彼ら彼女らが日本に連行された植民地の歴史を暴いていく。不気味さに満ちたブラック・ユーモアと辛辣な批判を含む『絞死刑』は、喜劇、悲劇、政治風刺を合わせ持つ作品だ。ここで私が注目したいのは、主人公RとRが「姉」と呼ぶ女性の関係である。彼女は、七つのインタータイトルの中の一つで登場する。一九五八年に実際に起こった在日朝鮮人殺人事件の犯人とジャーナリストとの間で交わされた手紙と、彼らの関係性に基づき、「姉」は、主人公Rが事実上R自身にな、る、第一歩として、彼自身が対外的な朝鮮人アイデンティティを認めるきっかけとなる。(5) 私がこのシーンで提案したいのは、祖国に対する愛国心が「姉」を通して人格化されたこと、南北朝鮮とR、「姉」の政治的統合に対する、R自身の曖昧さである。換言すれば、Rは姉を愛しながらも、在日朝鮮人として、日本への同化と祖国へのナショナリズムの二つの脅迫を拒絶するのだ。日本の役人が、RをRと認めさせようと躍起になればなるほど、殺された少女は、Rの前に「姉」の姿で現われる。(6) Rは姉に、R自身が彼女の知るRかどうか尋ねる。彼女は、「そう。朝鮮人のR」と答え、Rが朝鮮の先祖を持ち、現在在日であることのアイデンティティを確認する。姉はRに、彼が「本当の民族意識に目覚めてからは」、日本名ではなくRという名前を使い始めたことを思い出させる。さらに姉は、朝鮮人女性が受けた歴史的な抑圧を伝える。Rが彼女の肌に触れた時、彼女はこう伝える。「R、あなたが触っているのは、朝鮮人の肌よ。この肌の上には、長い苦しい民族の歴史が刻まれているわ。民族が悲しい時、その女たちは特に悲しい。韓国の、いいえ、祖国南部の、私くらいの年上の女たちは、肌に生傷の跡のないものはいないといわれています。父に叩かれ、夫に打たれ、喉を、手首を、自ら傷つけて自殺を図り……」すると、日本人の役人が割り込み、朝鮮半島での長い抑圧の歴史と、三六年間にも及ぶ日本の植民地支配を語り出す。そして姉はRに、Rが夜間学校で「日本の中の若い朝鮮人」（立派な朝鮮人）であったことを思い出させる。彼女は、朝鮮半島の統合と発展のために努

（4）「安保」は、「日本国とアメリカ合衆国との間の相互協力及び安全保障条約」の略語である。この条約は、主に沖縄諸島における日本での軍事占領の維持を擁護するものであった。多くの反対にもかかわらず、条約は一九六〇年と一九七〇年のどちらも批准された。当時の反政府的な芸術活動についての歴史的な研究については、マロッティ（2013）に詳しい。

（5）小松川事件とは、一九五八年に二人の日本人女性が、当時一八歳の在日朝鮮人大学生李珍宇によって強姦され殺害された事件を指す。

（6）映画の五つ目の部分「Rは朝鮮人として弁明される」では、他の人から認められたわけではないが、彼は、外部の者によって、彼が朝鮮人であるというアイデンティティが認められたことを受け入れることにより、Rとなっていくのである。この外部的な力というのは、Rによって「首を絞められた」女学生の「死体」の身代わりとなった朝鮮人の女性である。彼女はRの「姉」として登場する。はじめ彼女は、Rと教育部長の二人だけに見える存在であった。しかし、その後、他の人びとにも彼女は姿を現す。この映画の部分で重要なのは、朝鮮人女性が歴史的に抑圧されてきたことを観客に紹介することである。「姉」がRにRであることを受け入れさせようとするロジックは、役人によって反論され、Rによっても否定される。「姉」は、この部分の最後で、処刑されてしまうのであった。

力し、罪を償うことを彼に懇願する。姉と日本人の役人の口論により、朝鮮人を強制連行した日本と植民地時代の過去が、非常に罪深いものとして浮上する。それは、姉の言葉に明確に表わされた。「Rの犯罪は、日本国が、日本帝国主義が犯させたんです。日本国にRを罰する権利はありません。」

最後に姉はRに、「ねぇ、R。いよいよ祖国統一のために一緒に働くのよ。さ、いきましょう」と尋ねる。しかし、Rは黙ったままだった。「なぜ答えてくれないの」と姉は再度尋ねる。Rは、「そんなことがあったのかもしれません。でも僕にはよくわからない。姉さんの言っていることはなんだかRにぴったりしない気がします。(中略) 僕は今、一生懸命Rになって考えているんですけど」と答える。姉は「それじゃあなた、もう祖国統一のために闘うという気持ちを無くしてしまったの」と尋ねる。このような愛国的な要求に対して、Rは、以下のように答える。「ぴったりしないです。」すると、姉は素早く「いつ心が変わったの。いつからそんなRになったの。そんなのRじゃないわ。あなたはもう朝鮮人Rじゃないわ。(中略) あなたは心を失った。朝鮮人の心を失った。もう単なる犯罪者、人殺し」と言い返すだけだった。Rが革命的な朝鮮人だと自認しないことで、愛国への夢は壊れてしまう。姉にとってRの犯罪は、朝鮮人による犯罪なのだ。さらに重要なのは、姉の以下のセリフにある。Rの罪は、「朝鮮人が日本人によって流させられた血に血で報いるたった一つの道だったのよ。日本人は国家の名において無数の朝鮮人の血を流した。だけど、国家を持たない私たちは、個人でこの手で日本人の血を流すより他にない。それが犯罪よ。歪んだやり方よ。」

姉は、さらに続ける。朝鮮人の誇りと悲しみは、Rの犯した殺人に集約されている、と。しかし、Rは以下のように答えた。「もし姉さんのいうことがRだったら、僕はやっぱりRじゃないような気がする。」Rの返答は、国家的なものと個人的なものを区別しない、ディアスポラでポストコロニアルな存在であることを無視する、彼女の期待を裏切るものだった。ここで重要なのは、個人的なものと国家的なもの、二つの朝鮮、Rと姉を、R自身が時には異なるもの、時には同じものであると認識することの曖昧さである。映画では、姉の言葉を通して、日本の植民地主義と朝鮮における家父長制が批判される。しかし、この作品は、在日朝鮮人が反日ならびに日本の植民地の傷を象徴するといった軽薄な見方を許さない。在日朝鮮人がもつ他者性は、たとえ反帝国主義的なナショナリズムであったとしても、過去も現在も植民化されディアスポラ的である存在であるがゆえに、ナショナリズムの言説とは「ぴったり合わない」のである。この解釈によって、姉に対する愛は国家への愛に還元または同等化されない。この両義性やためらいは、他者への個人的愛情を可能にしながらも、第三世界のナショナリズム言説にみられるような、個人の愛を国家への愛へと還元させてしまうものではない。

『墨攻』、兼愛交利、バブル後の日本

酒見賢一による歴史小説『墨攻』(1991)は、森秀樹によって漫画化され、『ビッグ・コミック』で一九九二年から一九九六年にかけて連載された[7]。紀元前三七〇年代の中国戦国時代を舞台に、墨

家の兼愛と、非攻の哲学を貫き通す一匹狼の革離が、様々な防衛方法を使い、弱小国を強国から守る様子を描く。この筋書きは、革離が国を攻撃から守備しなければならないだけでなく、以前墨家の仲間だった暗殺者からも身を交わさなければならないという事実によって、より複雑になる。そのため、革離の戦闘技術や墨家の思想や実践、彼の危うい状況が脇筋として強調される。かつて尊いものとされた墨家は弱体化していた。彼らは、兼愛や、侵略戦争を非難する思想からは遠ざかり、傭兵として他を攻撃し、秦を助けるまでにもなっていた。弱国〔梁城〕の防衛依頼を無視できず、墨家から追放された革離は、裏切りの旅に出る。彼にとって守られなければならないものは、弱国だけではなく墨家の哲学そのものだった。

ここでの議論に関係するのは、戦争を挑発してきた日本の歴史を批判する、この漫画の皮肉的結末である。物語では、革離の支援者だった王によって、子供や大人と共に任を解かれた後、革離は自由の身となり中国大陸を離れる。やがて、革離が行き着いた場所が、日の出る国であることがわかる。この挿話は明らかに、日本人の先祖が始皇帝支配下の中国大陸に由来するとされる神話を参照している。この神話では、いのちの万能薬を探すために、中国の男女が皇帝によって派遣され、現代の日本人の先祖となったとされている。漫画の結末で場面は現在の日本になり、デパートで開催中の「兵馬俑発掘展」で、革離がテラコッタ製の兵士として並べられている。日本の歴史における内外への軍事侵略のイラストに続く最後の頁には、「革離の目に、この国はどう映ったのだろうか？」と記される。この批判は、革離や彼の信奉者に象徴された兼愛と非攻の教えに由来する国であるにもかかわらず、日本が常に国内外で戦争を起こしてきたことに向けられている。植民地主義や帝国主義による難題を避けてきた日本の戦後平和主義とは異なり、『墨攻』は日本と王朝時代の中国との神話的な繋がりを描くばかりでなく、日本の歴史において遂行された戦争行為を暴露する。

兼愛と非攻は本質的に関連している概念である。相手を愛するということは、その人に対して攻撃する（もしくは不公平に扱う）可能性を排除する。「国家や都市を攻撃したり、互いに戦争をしたりせず、家族や個人が互いを傷つけたり、崩壊させたりしないなら、それは、世界にとって脅威となるか恩恵となるかどちらだろうか？　もちろん、恩恵に違いない。」この恩恵は、「他者を愛し、他者の利益となることを施す」ことから来る。人びとがそうすれば、偏見ではなく、普遍性に動機づけられる（Watson 2003：42）。この「普遍主義」は、家族関係、友人関係、政治的な地位、親戚の思惑、社会的な暗黙の了解のために注意深く計算し、他者への扱いを人によって区別する儒教の概念である「別愛」に対する批判である。

漫画のジャンルとして、兼愛や非攻を扱った重要な作品『墨攻』は、アジア人に対する人種差別や日本における愛国心を擁護するような二〇〇〇年代の後発漫画とは好対照をなす。これらの漫画では、日本はアジアの国々と根本的に差異があると描かれ、特に中国と韓国などと同じ基準では考

（7）　二〇〇六年には、アンディ・ラウ主演、ジェイコブ・チェン監督の中国、韓国、日本共同制作による映画も発表された。

えられないことが説明され、ヘイト感情を扇動する作風となっている。例えば、ジョージ秋山による『マンガ中国入門――やっかいな隣人の研究』では、中国人を自己中心的で非理性的な異常者として描き、近代中国の歴史が、常に危機と混乱に見舞われていると語る。近年の中国における反日運動は、中国人たちの国内動向への不安や不満の宛先変更をしたものと見られ、日本を「憎む」ほどに激化した（Akiyama 2013：54）。秋山の漫画は、中国人を食人文化を持った軍国主義的な拡張論者として描いている。この漫画は、中国の脅威の下で、中国の経済的な「成功」が誘因した社会悪を炙り出し、中国の台頭に対抗するための日本の再軍備を促す。山野車輪のベストセラー『嫌韓流』（2005）も類似した方法で、自己と他者を二分して構築し、韓国を嘲笑の的とする。タイトルからもわかるように、この漫画では、日本における現代の韓国文化の人気はほとんど顧みられず、「真の」日韓関係の歴史を暴くことが志向される。この作品は、韓国の植民地時代や日本の在日朝鮮人に対する差別といった、韓国について日本で教えられてきたことは、全て間違いであるという主張を前提として書かれている。非公式な知識の生産を通して自己発見するという語り方を狡猾に使用し、男性主人公がディベートや独学によって韓国の「真実」に目覚めていく。山野と秋山の作品は、二〇〇〇年代半ばに出版された。彼らが扇動するナショナリズムの感情は、中国の台頭や韓流ブームの人気によって、かつて支配的であった日本の東アジアにおける地政学的地位が危機に面していることを間違いなく示している。それゆえに、共通の先祖／過去の再節合と、儒教や道教と異なる第三の哲学的伝統の無効化、墨家の「兼愛」や「非攻」の実践が、日本を含むすべての戦争を批判するだけでなく、新自由主義的なグローバリゼーションの時代に、国家間競争のイデオロギーを否定する共通項を提唱することにもなるのである。

『息づかい』、無条件の愛、和解のポリティクス

愛に関する政治的概念の四つ目の事例では、国家間の次元ではなく、家族内の「植民地時代の傷跡」を癒す和解に切り込みたい。日本政府（韓国政府もまた共謀関係であるが）が（植民地支配と帝国主義の責任を）否定し無視しつづける中、国家間の交渉、謝罪、賠償を必要とする国家ぐるみの和解についての公の議論を、家族の親密性が覆すのだと私は論じたい(8)。

ピョン・ヨンジュ監督の『息づかい』の主な登場人物のひとりが、金允心（キム・ユンシム）である。かつて「慰安婦」だった彼女は、軍性奴隷制での生活をリアルに記述し、チョン・テイル文学賞（全泰壱賞）を受賞した。金允心は、韓国の「解放」後の波乱と不幸に見舞われた人生を詳述する。彼女は一六歳で母親によって婚約させられ、不妊が理由で夫から離婚され、二六歳で再婚した。しかし、彼女の娘は、金が慰安所で被った身体的な病が主な原因で小児麻痺を患い、発話障害となった。金は過去が暴かれるのを恐れ、娘と逃げ出した。「当時、女性が梅毒にかかると、人間として扱

（8）謝罪に関する言説を政府が不法に使用することについての緻密な批判は、アレクシス・ダッデン（2014）を参照されたい。

われなかった」と金は言う。監督が金と娘のソン・イェスクにインタビューする箇所は、最も強烈なシーンの一つである。金は仕事の洋裁で使っているミシンの近くにおり、娘とは親子揃って少し距離を保ちながら隣同士で座っている。ピョン監督は金に彼女の娘が母の体験をどれほど知っているか尋ねる。金が自信を持って「彼女はそんなに知らないわ」と答える横で、娘はすべてを知っているかのように座っている。母が思っている以上に娘が理解しているのは、娘の表情から明らかである。監督との会話の後、娘は何も知らないし、受賞本も読んだことはないと、金は断言する。

すると、金允心は娘を見て手話で「私の本のことは知っている?」と尋ね、彼女がそれを知らないことを確認する。次の瞬間、金にとって予想外なことに「知っているわよ。読んだよ。お母さんがアメリカに行った時に」と娘が手話で答える。本の内容について尋ねたピョン監督に娘のソンが答えていると、金は憂苦の表情を浮かべながら監督に「多分彼女は知らないわよ」と言う。監督が、「知っているわよね? 全部知ってる?」と尋ねると、娘はうなずく。カメラが金の驚きの表情にズームインすると、娘が母親の誘拐された理由を知った経緯を教えてくれたと監督は、何度も言う。金は、まだ信じられない様子で、「じゃぁ、彼女はその本を読んだのね? 読んだのか……」と言う。そしてピョン監督は、「はい、彼女は読んだと思います」と断言する。「あぁ、彼女はあの本を読んだのね」と言った金はミシンで仕事をしているフリをしながら、こちらを見つめないままであった。驚きを抑えきれないまま、慰めを求めるかのように、金は突如として娘の方に体を向け、孫はその本を読んだのかと尋ねた。そして、孫たちには読ませてはいけないと言う。それからまた体を背けるが、ソンは満足げに微笑み、母の姿を頷きながら見つめている。そして再び金は娘の方を向くが、今度はソンの背中をポンと叩き微笑む。娘も微笑み返す。ソンは手話で「彼女は私のことを心配していたのよ。二年前、彼女は私に頻繁に会いに来るようになった。ものすごく気をかけてくれている。そうは見えないけれど、私にはわかる。彼女は前のように私に幸せになって欲しいの。彼女はここに来て、すごく手伝ってくれます」と手話で母親への感謝を述べる。このシーンは、「私の人生において決して忘れられない過去。不運な母親のために永遠に話すことができない私の娘。私は死ぬほど娘を愛している。私の悲運は彼女の人生において継続されるべきではない。野蛮で、残酷な日本軍。もう戦争がないことを望む。決して忘れられない過去。私はその過去を永遠に自分の中に葬らなければいけない」という金允心の言葉が画面に現れて終わる。

母親が娘に知られないようにしていた羞恥の秘密。母親が娘には体験させたくない悲劇。娘が愛を育む母に表す感謝の気持ち。母と娘を苦しませた残虐行為の記憶を克服させ、恥辱を超越する、互いの愛と苦しみへの確認。正義を求める声に動かされてこれらの年配の女性たちは証言した。そして彼女たちは、強要された家父長的でナショナリスティックな恥辱を克服していく。このシーンは、暴力と痛みによって結び付けられた母娘の、不滅で無条件の愛を描いている。母娘の愛という真実の認知によって、母親は過去の恥辱を克服するのだった。

愛が言明されるときはいつでも、それが超越的で人類普遍のカテゴリーのように聞こえるかもしれないが、私が論じた愛に関する四つの政治的概念は、決してそのようなものではないと強調したい。むしろこれらの概念は、歴史的文脈に限定された感情であり、解決や和解がいまだに見出されない、もしくは、それらが不可能な、特定の政治的状況によって創出されたものである。

『政治的な感情――なぜ愛が正義に大事なのか』(2013)という著書で、法哲学者のマーサ・ヌスバウムは、リベラル社会の安定と動機付けを維持するには、市民の正義に対する強いコミットメントが誘発されるために、公共的な感情の涵養が必要不可欠であるという。思いやりや愛という感情は、分断やヒエラルキーから身を守るために必要だと彼女は論じる。ヌスバウムによる議論への横槍は、とりわけ哲学者やリベラル擁護者にとって重要である。なぜなら歴史上、リベラル思想家は、以下の根本的な問題を依然解決していないからだ。どうしたら「まっとうな」社会が、反リベラルで独裁的にはならずに、その社会を持続し、公共の感情を涵養する動機付けを促せるのか。本書はポストコロニアルな視座に根差しているものの、ヌスバウムが同書で挑発的に論じた重要な問題を引き継いでいる。私はヌスバウムの二つの論点を扱い、本章における主張をより広い視野で捉えてみたい。ここでは特に、分析の枠組みとして国家を利用することと、幸福主義 eudaimonistic としての政治的な感情の問題を取り上げる。

ヌスバウムの主な関心がリベラリズムと社会であるため、当然のことながら、彼女は国家を枠組みとして分析している。ジュゼッペ・マッツィーニなど、一九世紀のナショナリストたちの著書に倣って、ヌスバウムは国家が寛大な感情を全人類に平等に伝搬する必要不可欠な「支柱」であると捉えている。(9) 加えて、ヌスバウムにとっては、国家こそが政治感情形成に好都合な「歴史的特質 historical particularity」となる（Nussbaum 2013：17）。この点に関して彼女は、コント、ミル、タゴールなどの国際主義者ら全員が「拡張した思いやり extended sympathy」を語る中で、国家を「敬意されるべき特権的な場 honored place」としてみなしたことに言及し、愛国心を擁護している（Nussbaum 2013：207）。彼女は以下のように述べる。「もしすべてうまくいけば、人びとは国家を愛することで、おおまかな政治的信条を承服できる。そのとき私たちが必要としている公的な愛には、国家への愛、単なる抽象的な概念としての国家だけではなく、特殊な歴史、身体的特徴、忠誠心を刺激する特殊な熱望をともなう、特殊な実体としての国家を想像する愛も内包される。」ヌスバウ

(9) ヌスバウムは以下のように記している。「友愛的な感情は、最初は、国家レベルで準備されなければならない。例えば、「すべてのものに兄弟愛を、すべてに愛を！」など、国家を介さない国際的な思いやりを、全人類へ拡張するのは、人びとが自己中心的な物事や個々の地域への忠誠心に没頭している現代では、非現実的な目標である。公平な人間の威厳を保つことに熱心に取り組む民主的な国家が、自己と全ての人類に必要不可欠な仲介者となるのである。私たちは既に、国家が動機付け効果となる強い感情の対象と成り得たことを目の当たりにできる。しかるべき愛国心を構築することで、全人類的な愛に配慮する人びとは、真の国際的な友愛関係の基盤を生み出せたらと願うことだろう。」（Nussbaum 2013：56）

ムは、アメリカやインドの歴史上の人物（ジョージ・ワシントン、エイブラハム・リンカン、マーティン・ルーサー・キング・ジュニア、マハトマ・ガンディー、ジャワハルナール・ネルー）のスピーチを引き合いに、彼らの愛国への情熱が学校で首尾よく教えられ、正義を目指す闘争における耐久力が国家に提供されたと示している。

妥当な分析枠組みとして国家が継続して使われることは否定しないが、ヌスバウムが一九世紀や二〇世紀の理論や人物に頼り、リベラルな国際主義へと拡大／変容していく可能性のある、「善い」愛国心を正当化していることは、時代遅れのように思える。なぜなら、現代は、経済的グローバリゼーションによって力関係が急速に変化し、ソーシャル・メディアが台頭し、大衆文化が越境し、ナショナリズムの感情が破綻していく一方で、構築されてもいるからだ。そのうえ、彼女が用いている事例は、救済と解放の中心に国家を見据える国家建設の過程、つまり反植民地的なもののなかに位置付けられている。しかし、今日の新自由主義的なグローバル資本主義では、国家の役割は、ヌスバウムが愛国心の特性だとする正義や平等への熱情を与えるものであるよりは、資本の流れと利潤を可能にするものであるように思える。反日主義をその症状とする、東アジアの「ナショナリズムの衝突」の増加は、国民国家が進める資本主義的な発展の下で、とりわけ不安定な生活に直面する人びとを執拗につなぎとめていることを明白にするばかりだ。

ヌスバウムの公共的な感情に関する規範理論と、ある国家を超えて他者への「拡張した思いやり」を創出するものとして、愛国心を好意的に捉える考えは、第1章でみた加藤典洋のネオナショナリズムと同じようなものであるだろう。ネオナショナリズムは究極的に、日本の植民地支配とその戦争による犠牲者に対する責任を、無制限に延期させる口実を日本国家に与える。加藤は、アジアの犠牲者の責任を日本が取るためには、まず三〇〇万人の戦死者に対して「悔悟の共同体」を立ち上げなければならないと論じる〔「悔悟と哀悼の共同体」は、加藤の論を批判する際に、高橋哲哉によって用いられた言葉〕。この複雑な考え方は、国家の再構築という課題を帝国の問題よりも優先させ、戦後日本の根本的な矛盾について言及する。また、これによって、敗戦した帝国の他者が受けた惨憺たる体験と、日本の植民地時代の暴力による日本人自身のトラウマが周縁化し続けられるのである。ここで私は、国家もしくは国民国家が、今日の政治的和解と無関係だと言おうとしているのではない。むしろ、帝国の存在が宣言され、戦争が国家と天皇の名において起こされ、現在、各国政府が国家間外交を司ることを許された唯一の機関であることを考えると、犠牲者による承認・賠償要求を満たすためには国家の役割が重要であることに変わりはない。さらに、柄谷行人（2014）が論じるように、国家と政府が弱体化した社会、もしくは、越境する資本の流れとは無関係のグローバル社会では、資本、国民、国家は、お互いに調整し、支え合い、関係を強めあうようなボロミアン環を構築しているという事実がある。

それにもかかわらず、国家という形態は、旧帝国主義国家の内側から国家暴力の歴史に抗ってきた人びとにとって多大な困難を突きつけている。彼ら彼女らは帝国への関与とその「連累 implications」について、帝国主義国家の主体として、もしくは、それに反体する主体として、どのように掛け合うのだろうか。どの時点で自分たちを国家と同一視することをやめたり（上野千鶴子のように）、国家と同一視したりする（加藤のように）のだろうか。あるいは、そのほかの選択肢はあるのだろうか。日本の批評家・花崎皋平は「脱植民地化と、戦争責任を引き受けること」（2000）のなかで、日本国家が戦争責任を回避し、帝国日本内の不完全な脱植民地化の中に、日本国家と国民との「暫定的」な同一性を認める必要があると論じている。彼は以下のように記している。

日本人全体がこの隠蔽に加担しているという批判を受けて、私は植民支配を実行した国家の一員として生まれ、日本の脱植民地化が不完全な歴史的瞬間に生きている限りは、他者から付与された、日本人の集合体に私を含める、そのような「日本人」として、私自身を暫定的に定義したい。私が「暫定的」と言うのは、私は永遠に受動的に定義され、付与された関係性に縛られるべきとは考えないからだ。被植民者から見た日本の植民地支配は、日本人という民族によって国家的に抑圧されたものにほかならない。したがって被植民者はその責任を日本民族に負わせる。脱植民地化の文脈では、民族と国民国家を同一視する考え方が、イメージの上でも現実でも基本とされる。（Hanasaki 2000 : 78）

花崎はナショナリスティックな態度として解釈されるような、国民国家に帰属する全員に平等に責任があるという考えに陥らない形で、慎重に表現している（戦争責任の主体を曖昧にするようなこのような国家主義的なレトリックの代表は、東久邇宮首相による「一億総懺悔」の発言である）。そのかわり、花崎による「暫定的」なアイデンティティとは、関係性の中で生まれると理解されるべきもので、テッサ・モーリス＝スズキが歴史的な「連累」（Morris-Suzuki：2005：25）と呼ぶものを認める行為である。つまり、国家に代わって罪を引き受けるのではなく、対話的な関係を可能にするために他者に向かって自己を開放する「戦略的本質主義」である。このような所与の脆弱性、つまり自らが選択したものではない歴史の力学の中で個人が歴史的な連累の感覚を持たなくては、和解はありえない。究極的な「共生 co-viviality」は、国民国家体制を超越して、国境を越えた協働を目指すところにあるのだ。

花崎にとってこのような意向は、個人の選択であり、自由意志で決められる。それは、人が獲得していく暫定的なアイデンティティである。花崎が考えるようなポストコロニアル言説のなかの柔軟な主体性のあり方は、いまだに戦争と植民地への責任を引き受けずに硬直した身体（つまり日本国家）とは相容れない状態にある、日本のポストコロニアリティのパラドックスを指し示す。しかし、このようなポストコロニアル状況下で関係を築くことは、元植民者（もしくは、条件付きで以前植民地支配をしていたと認められた者）のみならず、元被植民地者、元被植民地者と同一視された者にとっての務めなのである。植民地主義の暴力を考えると、植民地支配による同化政策への抵抗から創出される集合的アイデンティティが欲望されることは理解できる。しかし、伝統のために伝統を守るこの「伝統主義」は、花崎皋平が論じるように、非生産的な保守主義を生み出し、世代間で創出される発展をもたらす創造力と熱意をやがて損ねてしまう（2001：120）。暫定的に国家と自分を同一視し、自分自身のものではない責任を引き受ける花崎の脱植民地化は、政治的な和解と「共生」への一歩として、国家の役割を特権化することなく問い、批判することができるのである。

非常に限定的な愛についての解釈ではあるが、四つのテキストの分析を通し、私は「近代的」な愛を歴史化し、政治的概念としての愛の可能性を提示したかった。『ゴジラ』では、「伝統的」な愛と「近代的」な愛の相互依存的な関係性を示した。『絞死刑』では、在日朝鮮人の暫定的な立ち位置によってRが朝鮮の統合を否定し、個人的な愛を持続させたと論じた。『墨攻』では、暗黙の「兼愛」が、「保守的な平和主義の代替となる非攻」なる概念を通して、戦争への内省的な批判を可能にすると述べた。最後に『息づかい』では、無条件の愛という親密性が、国家の枠組みの外における和解のあり方を再考する一つの方法となることを示した。愛を根本的に動機づけるものは、他者との関係であり、カップルや、統合、同一性には還元されずに愛がいかなる形で存在できるのかということにある。もっと言えば、日本が帝国、軍事侵攻、核被害、環境破壊の遺産を持つからこそ、日本の急進主義の歴史を再考することで、現在の東アジアの政治的膠着状態を打破する代替的な方法が提示されるのである。ナショナリズムを装って野放しにされた発展開発主義による環境破壊とグローバルな資本主義の下にリベラル化する経済に起因する、あやうさや社会的な不安からくる同じような苦しみや危機感に、東アジアが直面する今、このような前例のない方法を発見することは非常に重要である。そのために、愛に関する政治的概念は、共有する危機や、共同作業の文脈で理解されなくてはならない。東アジアの国々は、台頭するナショナリズムの感情を克服し、戦争や軍備に反対し、全ての人びとが耐えてきた苦しみを尊重する志の実現のために努力しなければならない。これらが、過去のためだけではなく将来、つまり死者だけでなく今から誕生する人たちのために、実行されなければならない。国家の権限を超えた和解に関するポリティクスと次世代の奮闘については次章で探究したい。

第6章　もう一つの和解

――親密性、先住民族性、そして台湾の異相

国際的な文脈において、台湾理解を促すために関与してきた複数の重要な研究がある。これらは、資本主義世界での台湾の独自の位置を再検討し（Jameson 1995）、グローバル化における台湾の矛盾に満ちた（非）重要性について言及し（Shih 2003）、台湾の南方への準帝国主義的な野望を批判してきた（Chen 2000）。このような挑戦的な研究や理論化がなされてきたにもかかわらず、欧米の学術界が中国の台頭に一際注目していることと比べると、台湾や台湾研究への関心はまだまだ少ない。本章の目的は、研究対象としての台湾が、歴史的・政治的にあまり重要視されてこなかったことを覆そうとするものではない。「周縁」的な台湾を「主流」（または覇権的）であるかのように表面的に論じれば、冒頭で参照した研究が台湾をその呪縛から解き放とうとしている資本＝ネーション＝国家の力学や欲望を、再生産してしまう恐れがある（Karatani 2014）。したがって、マサオ・ミヨシが「オフ・センター」と呼ぶ、境界に存在するが不可視ではない批判的立場から、周縁的な台湾が持

つ文化的・政治的可能性を考察してみたい。そのために、東アジアにおける台湾の二つの「特殊性」に注目する。一つは台湾先住民の存在であり、もう一つは日本の植民者との間に存在したとされている親密性である。

今日、公式には「原住民《ユエンジユーミン》」と呼ばれる台湾に元来居住していた先住民は、全人口の二パーセント（約五〇万人）を占める。この割合は、カナダやオーストラリアの先住民が国内で占める人口率に近い。世界中の先住民たちが様々な植民地政策に直面し耐えてきたように、台湾の先住民＝原住民も強制移住させられ、経済力を剝奪され、人口や文化の絶滅の危機に晒され苦しんできた。原住民の政治的権利、経済的公正、文化的自治を要求する社会運動が、台湾で広く支持され始めたのはごく最近である。少数派が尊重される政治や、植民地時代およびポストコロニアル統治体制下における未発達な民族の象徴である原住民は、政治的に優先された事柄や、道具主義〔概念や真理を現実的解決の道具とする考え方〕のために名誉を傷つけられ、時には、美化されてきた。他方、「本省人」、または台湾人は、親日的だ。これは、反日感情を躊躇なく表してきた中国や韓国の人びとと異なる。日本の帝国主義と植民地主義による非行を、中国や韓国が明確に非難するのに対し、台湾は日本の植民地支配によって近代化された恩恵を称賛しているようにも見受けられる。他の植民地と台湾とのこのような異相を分析することで、ここで取り上げる先住民族性 indigeneity や親密性が、冷戦後のポストコロニアル状況下の東アジアにおける国家主導の政治交渉とは異なる場で、和解の問題について再考するために、どのような可能性を提供してくれるかに、私は関心がある。そこで本章では、小説家津島佑子の『あまりに野蛮な』(2008)と、台湾原住民の映画監督ラハ・メボウ(陳潔瑤)の『サヨンを探して』(2010)を規範的な承認の政治としてではなく、植民地時代の傷痍の再生の物語として検討する。神話を持つ原住民の知恵から得られる世代間の親密性、すなわち原住民の知恵がもたらす架空のつながりこそ、(後述するように)非国家統制主義的な和解を創出する主要な場として機能してきた、過去の植民地主義に取って代わるのだ。[1]

東アジアの歴史的和解と台湾

中国の台頭は、日米同盟によって指揮されてきた戦後冷戦体制に対する重大な挑戦である。また、新自由主義政策は、様々な形態と程度の差こそあれ、経済的・社会的不安をもたらした。特に、若者や底辺層の間では、不安定さの感覚が広がっている。ナショナリズムの感情や狂信的な愛国主義の悲観的思考に頼ってそれらを解決しようとする者も増加している。並行して、日本の植民地主義と帝国主義による近隣諸国への暴力やトラウマなどの歴史問題を追求する欲望も高まっている。多くの論争は政府が誘発し、政治目的のために、ある時にはナショナリズムの情熱を扇動し、またある時にはそれを抑制する。他方で、研究者の間では、国家のための歴史を克服し、相互理解に基づく地域的、またはグローバルな歴史の構築を目指して共同研究が行われてきた。このような学術界

(1)『サヨンを探して』について紹介していただいたケリム・フリードマンに感謝する。

における尽力は称賛に値する。しかし、その中で台湾はひそやかに除かれている。この地域の過去の対立や和解は、日本と韓国、日本と中国の間の事象として描写されることが多い。日本の初期の植民地だった北海道や琉球王国は言うまでもなく、五〇年もの間日本の植民地だった台湾も対象外である。例えば、韓国、中国、日本の歴史家で構成される三カ国間の歴史編集団体、日中韓3国共通歴史教材委員会（ザ・コモン・ヒストリー・プロジェクト）は、これまでに『未来を開く歴史――日本・中国・韓国＝共同編集 東アジア3国の近現代史』（2006）と『新しい東アジアの近現代史』（2012 上巻：国際関係の変動で読む 未来をひらく歴史、下巻：テーマで読む人と交流 未来をひらく歴史）を出版した。

これらの研究者が、国家という枠組みではないトランスナショナルな歴史記述を目指すのは称賛に値するものであり、望ましいことだ。しかし、最も重要だと考えられる日本の植民地の一つが省かれているのは興味深い、いや、不可解と言っても良いだろう（例えば台湾は、『新しい東アジアの近代史』下巻の「鉄道」の項目でのみしか言及されていない）。日中韓3国共通歴史教材委員会から台湾が省略される理由は、主権国家同士で交渉を進める上で、台湾が国家としての地位を承認されていないことにあるだろう。しかし、もしこのプロジェクトが東アジア地域の歴史を書き換えるなら、従来の国民国家という形態を踏襲する必要があるのだろうか。私は、台湾が省かれたのには、台湾が独立国家ではないということ以外にもあると推測する。それは、和解に向けた歴史記述のプロジェクトに、台湾が貢献できることは皆無であると前提されているからではなかろうか。したがって、本プロジェクトには、国家（主義）の枠組みを超克する地域史やトランスナショナルな歴史の徹底的な再記述より、三カ国間の現在の政治的折衝が看取できる。台湾も釣魚／尖閣諸島への所有権を主張し、台湾女性も強制的に日本軍の性奴隷となったにもかかわらず、台湾には、韓国や中国と同じような日本との衝突がなかったと解釈され、除外されてしまうのだ。

台湾は日本と対立していないと認識されるのは、個別だが相互に関連する二つの事柄に起因する。一つめは、蔣介石の「以徳報怨」（仕返しではなく、あえて恩恵を施すこと）に基づく、日本への（実際はそうではないが）「寛大な」対応である。これは、台湾のみならず中国大陸での日本の罪を免責する、条件付きの計算されたある種の「赦し」である。その目的は、日本をアジアにおける共産主義台頭の脅威から守る砦とみなし、日本の再建と復興を促したアメリカの戦後の政策と類似するものだった。二つめは、反日感情が強い韓国や中国と違い、台湾は「親日」と認識されることにある。この「親密」とされる関係は、日本の植民地体制の成果として、日本の保守派によって何度も引用され、日本に従わない狡猾な韓国人や中国人の対照として並置される。しかし、私が第4章で論じたように、日本ならびに国民党の支配を体験した「本省人」の世代で共有される台湾と日本の「親密性」は、植民地主義そのものとはあまり関係がない。むしろ、独裁者であった蔣介石が先導した国民党政府による「ポストコロニアルな植民地化」と関連している。日本への親近感は、慈悲深い日本の植民地支配よりも国民党の暴虐的な体制を反映する、明らかにポストコロニアルな現象であるのだ（Ching 2012）。私がここで異議を唱えるのは、とりわけ（ポスト）コロニアルな性格を持つこの「親密性」が、対立をめぐる政治的関与の規範を逸脱し、和解を進行させるために考慮する価値がない、反帝国主義的なナショナリズムへの裏切りである、という前提である。それゆえ、敵対関係ではなく建設的な関係性を築いていくために、私たちは、抵抗と協力、敵対性と親密性という二項対立の事象の捉え方を再考する必要があるだろう。私は以下で、台湾の日本との疑わしい親密性こそが、従来とは異なる和解の形を想像させる可能性を提供すると提案したい。

親密性を理論化する

近年の批判的コロニアル研究は、植民地支配が複雑で矛盾し、両義的で不完全であったことを論じている。これらの研究では、実際の暴力や従属を認めながらも、マニ教的な二元論で植民世界を見るのではなく、被植民者と植民者の両者に、植民と従属の関係(そして、これらの関係の内在化や、両者が共有したものも含む関係)が形成される経緯に注目している。なかでも数多く考察されてきたのが、植民地支配の大きな力学(もしくはマクロ政治)とその実行に関わる親密な場との関係である。アン・ストーラーは、フーコーに倣って、その関係を「植民地支配の微視的力学」とか、「植民地政治を支える情動的指針」などと呼んでいる(Stoler 2002 : 7)。ストーラーは親密性を以下のように定義する。「〈親密な〉という概念は、最も身近なもの、本質的なものであると同時に、セックスに起因する関係を意味している。人種上の〈最もうちに秘められた〉ものを〈暗示する〉、〈性的関係〉や〈密接な関係〉だからこそ、親密さは帝国の政策において非常に戦略的な地位が与えられ、それがもたらす成り行きや結果に植民地行政官たちが頭を悩ませたのである。」（Stoler 2002：9）しかし、リサ・ロウ（2006）は、「親密性」の概念は、より大きな歴史的・大陸的な交わりにも拡大可能だと示した。ロウの言う「親密性の多価性 multivalent of intimacy」は、中流階級と植民地の文脈の両者における家庭生活を超え、「距離的に近い、もしくは近隣の交わり」を含む。その交わりによって、奴隷社会が欧米諸国のブルジョワ共和制国家を創出し、アメリカ大陸のプランテーションでの植民的な労働関係が、「その哲学によって被植民者の自由が制限されながらも、人間の自由は普遍的であると考えるヨーロッパの哲学を可能にする条件」となった（Lowe 2006：193）。植民地支配下の親密性は、プランテーションの構造そのものに対して反抗する可能性があると恐れられ、植民地経営において避けられていた「年季奉公人や、混血の自由人、奴隷の間の様々な接触に具現化されてきた（Lowe 2006：203）。

東アジアの文脈では、親密性の概念が日本の植民地支配への欲望を形成し、その後のポストコロニアル時代のもつれにも影響を与えてきた。「内鮮一体（日本と韓国は同じ母体を持つ）」や「内台融和（日本と台湾の間の調和）」の考え方から、「親日（日本に友好的、もしくは日本に対する親密な関係性）」や大東亜共栄圏といった論争的な概念まで、植民者と被植民者の間の情動的な結合を強調することは、同化や帝国支配という日本の植民地イデオロギーの本質であった。台湾においては、日本人警察官と台湾の先住民族の代表の娘との通婚が植民主義の「性的外交」の事例である。庄司総一による小説『陳夫人』（1940）では、有力な台湾人の家族と結婚した日本人女性が描かれている。

小説では、日本人女性が台湾人からの偏見とそれに起因する困難に耐え、陳一族を天皇崇拝の帝国主義の一家へと変貌させる様子が描かれた。ポストコロニアル時代には「親日」であることは、帝国日本への「協力者」、自国への「背徳者」というレッテルを貼られた。それは、植民支配国への「抵抗者」や「愛国者」の形で現れた独立後のナショナリズム言説とは対照的であった。ただし、日本支配下における台湾人の「奴隷根性」は、中国国民党の占領による強制的な「再中国化」へと繋がっていったのだが。そして中国国民党は、前者は本物ではなく正道から逸脱し、異質で、だからこそ、転覆的な可能性があるとみなし、「台湾」と「中国」、「本省人」と「外省人」という、植民地における二項対立を再生産したのだった。戦後のポストコロニアル時代の中国権威主義支配によって、多くの台湾人が日本統治時代を懐旧し、日本の衰退を悲しみ、中国大陸の権力の台頭を強調するのである（Ching 2010）。

前述したように、日本との疑わしき親密関係のために、台湾は地域的な和解の議論から除外されている。この政治的で条件付きの和解の過程は以下のようにまとめることができる。対立→敵意→和解の過程は、互いの差異や共約不可能性を優先させる。日本が近隣諸国に課した植民地支配と帝国主義の暴力を考えれば理解できるだろう。しかし、もし、私たちが和解をもたらす必要条件は敵対関係でなければならないと仮定せず、元植民者と元被植民者の間に横たわった親密性こそが、和解をもたらすと考えたらどうだろうか（この和解は、もしかすると、政治的で規範的なものではなく、より個人間、世代間におけるものかもしれない）。この章では、津島とメボウの作品を分析し、親密性と先住民族性が和解の場をいかに生み出すかを探りたい。この和解の場は、規範的な政治過程にありがちな、植民地的な過去を介するものではなく、来たるべき誕生していない者たちへのための、将来を通して開かれる。

霧社とサヨン

津島の『あまりに野蛮な』と、メボウの『サヨンを探して』は、日本統治下の台湾原住民にとって、最も重要かつ相互に関連する歴史的な二つの事件を題材にしている。それらは、「霧社事件」と「サヨンの鐘」である。(2) 私が「もう一つの和解 reconciliation other wise」と呼ぶ成功例として両テキストを選んだのは、二つの事件を標準的な語りから逸脱して論及しているからである。津島の小説は、おおまかに言えば、原住民による日本人の殺戮を詳述し、日本の植民地主義と近代の野蛮さ

(2) ここで、これらの文献を手短に紹介する。『あまりに野蛮な』は、一九三〇年代の台湾における植民地時代の主婦であるミーチャ(美世)と、自分自身の子供を失った悲しみを癒すために二〇〇五年の夏に台湾を訪れ、ミーチャの足跡を辿る姪のリーリー(茉莉子)の、二人の女性の人生を叙述する、大変複雑な小説である。ミーチャの夫である明彦への手紙、彼女の日記、そしてリーリーの旅行記が交互に登場するこの小説は、一九三〇年代初頭から二〇〇五年の二つの時空を横断し、リーリーによって語られるミーチャの物語も加わって、植民地におけるミームャの人生が語られる。この二つの時代を繋げるのが、原住民の伝承や、信条、慣習、そして、なんといっても一九三〇年に起こった霧社事件である。野蛮さの概念は、暴力的な先住民族の反乱、植民政府の政策や

を暴くのだが、主に照射されるのは、一九三〇年代の植民地的な家庭生活に囚われた日本人女性の美世《ミーチャ》の複雑な心理的葛藤と身体的な欲望である。ミーチャの物語は、叔母の足跡を辿るために二〇〇五年に台湾にやってきた姪の茉莉子《リーリー》によって、彼女の人生と並行して語られる。

メボウ監督は当初、原住民の少女サヨンが犠牲になる物語の「真実」を探る映画を制作しようとした。だが、それはうまくいかなかった。その代わりに、誰からも見捨てられた原住民の村への再訪を懇願する老年男性アー・ゴンと、その背徳の帰還を共にする孫のヨー・ガンの関係性を描いた。また、これらの作品の独特な表現方法も重要である。津島は著名な作家であるが、一九九〇年代半ばから帝国日本の過去と戦争に関するトラウマを扱った小説を発表し、社会で周縁的存在である登場人物や、あまり周知されていない事件を頻繁に扱ってきた。彼女の問題意識の中心には、女性の欲望、子供を喪失する体験、日本の家父長制による抑圧などがある。『あまりに野蛮な』は、日本人女性の視点、具体的には、入植者と彼女の姪によって語られる物語である。交互に変わる時制とともに、植民地社会での家庭生活の閉塞感と開放的な原住民をめぐる風景が明らかにされる。また、メボウは、原住民女性で（特にタイヤル族では）初めてメガホンを取った監督である。インタビューでも述べているように、彼女は消滅しつつあるタイヤル族の伝統や文化について危惧し、それらを次世代へと継承することを願っている。津島の場合は亡くなった子供やまだ生まれていない存在のための、メボウの場合は世代を超える先祖とのつながりのための未来、つまり、現在を超える責任が、両者の共通の関心となっている。植民地的なものから家族的な親密性への転換こそが両作品の共通項であり、私はこれらの作品を対比しながら、好意的に解釈する。

セデック族に対する反撃について言及するだけでなく、「人間のセクシュアリティとそれにともなう愛や結婚、人間の存在そのもの」（Okamura 2013：148）の比喩としても機能する。『あまりに野蛮な』が植民地主義を批判する上で興味深い事例である理由は、植民地で生きた人びとをめぐるミクロフィジクスとマクロ政治の両者に注目しているからである。統治性から家庭性、家父長制からセクシュアリティにおけるまで、この小説は植民地的な拡張における複雑な物語を、敏感に、情緒的に、そして苦痛と共に紡いでいる。そしてその苦痛なしでは、ポストコロニアルの遺産と植民地時代の歴史は語ることができないのである。

『サヨンを探して』は、台湾北東部のタイヤル族のラハ・メボウの視点で作られた、初めての原住民文化に関する長編映画である。映画は、台湾人女性のレポーターと北京からやってきた二りのカメラマンからなるテレビ取材班が、サヨンの物語に惹かれてタイヤル族の部落を訪れるところから始まる（映画では、なぜ二人のカメラマンが北京から来る必要があったのかは明らかにされていない）。取材班が地元の住民にインタビューをし、サヨンの物語をさらに調べようとした時、彼らはヨー・ガンという名のハンサムな高校生の猟師に魅せられていく。ヨー・ガンは、彼らがなぜサヨンの物語に興味があるのかまったくわからなかった（その前のシーンでは、ヨー・ガンは文字通り取材班のカメラから逃げていく）。しかし、彼の祖父がサヨンと一緒の学校に通っていたことをきっかけに、ヨー・ガンは昔の民族の部落に興味を持つ。その部落の住民たちは、国民党が日本から台湾を「解放した」五〇年前に強制退去させられた。ヨー・ガンの祖父は、健康と年齢のため、そして言うまでもなく危険で人が通らなくなった山道のため、自分の部落へと戻ることができなかった。サヨンの記憶と彼の故郷への思いがかき立てられ、祖父は故郷を訪問することを決意する。ヨー・ガンは、友人と女性のレポーターと共に、タイヤル族の部落への危険な道を歩み始める。

台湾先住民に関わる植民地時代の二つの事件を短く紹介しよう。霧社事件は、一九三〇年一〇月に、セデック族によって女性と子供を含む一三四人の日本人が殺された事件である。これは、台湾植民地時代を通して最大規模の日本人に対する反乱である。この反乱によって台湾総督府は原住民に対する不信感を抱き動揺し、ついには、反乱分子を全滅させるため、当時から国際的に禁止されていた毒ガスを配備し、(三〇〇人の反乱者に対して)三〇〇〇人の軍隊と警察を動員した。女性と子供を含む日本人入植者に対する殺戮は、総督府と民衆に大きな衝撃を与え、原住民に対する非常に野蛮で計画的に行われた報復は、植民地支配を許容する台湾人と寛大な植民者という理想的なイメージを一瞬にして打ち砕き、未開と文明、野蛮と近代の両者の曖昧な境界線をも破壊した。霧社事件は近年台湾でヒットした映画のテーマともなった。二部構成で四時間にもわたる壮大な『セデック・バレ』(2011)は、一般的な歴史叙述をなぞっており、津島の小説とは異なり、男性的な原住民の勇敢さや暴力が表象されている[3]。

サヨン(もしくはサユン)の物語、もしくは最も有名な植民地時代の表象である「サヨンの鐘」では、霧社事件をきっかけに無心で日本への忠誠心を誓った原住民たちが救済される様子が、脚色されて語られている。「サヨンの鐘」のサヨンは一七歳のリヨヘン社〔日本統治時代のタイヤル族の村〕出身(メボウの出身地でもある)の原住民である。一九三八年の秋、中国での戦況が激化する中、警察官で教師の田北巡査が戦地へ招集される。サヨンは他一〇名の生徒と共に、山のふもとまで田北の荷物を運んでいく。その道のりは、猛烈な台風の中、三四キロにも及ぶ険峻な山道を下るものだった。川が増水し、急造の丸太橋を渡ろうとした時、サヨンは足を滑らせ急流に流される。入念に捜索が行われたが、サヨンは見つからなかった。

サヨンの事件は一九三八年九月二九日付けの『台湾日日新報』で「蕃婦渓流に落ち、行方不明となる」という見出しで簡潔に報道されただけだった。事件から三年間は、流された一七歳の少女の話は、特に取り上げられることもなかった。一九四一年春、当時台湾総督だった長谷川清が、サヨンの善行を知り、リヨヘン社に鐘を寄贈した。その鐘には「愛国乙女サヨンの鐘」と刻まれた。この記念式典は、台湾全島で、とりわけ原住民の間で大きな反響を呼び、サヨンの絵、流行歌、さらにはこの物語を題材とした映画も制作され、メディアを賑わせた。

他で述べたように、これらの二つの事件は相互に関係し、私はそれを帝国日本における「野蛮性の構築と文明性の創造」と呼んでいる（Ching 2001）。霧社事件の後、植民地文化における原住民の表象の流通の様相が顕著に変化する。原住民は、植民地的な善意を通して文明化を待ちわびる野蛮な異教徒たちではなく、天皇への忠誠心を表現することで日本の国策に同化した帝国臣民となったのである。この点について「サヨン」の物語は、文明性が創出される際に原始性が理想化される、

（3）『セデック・バレ』は、『海角七号 君想う、国境の南』（2006）、『KANO 1931 海の向こうの甲子園』（2014）と共に、魏徳聖（ウェイ・ダーション）による台湾三部作と呼ばれる作品の一つである。これらの映画は台湾でヒットし、海外でも好評だった。

霧社事件以降の戦略でもある。サヨンは、原住民が野蛮な地位から救済される様子と、自己犠牲に基づいた日本国への献身を誇張させる存在だ。それは、抵抗する野蛮人から愛国的な臣民への変化を示す。言い換えれば、サヨンは、霧社事件の埋め合わせを意味している。それは、霧社事件の虐殺における暴力と悪意からの名誉回復であり、原住民自らを救済するものである。霧社事件の野蛮性は、サヨンの物語で示されるような愛国心／文明性によって癒される。作家や映画監督はこの二つの事件に興味を持ちつづけるだろう。なぜなら、私が思うに、このような植民地時代の物語は矛盾と謎に満ちているからだ。私たちはどのように、霧社事件の残忍なイメージとサヨンのような愛国的な努力を、調停し両立させるのだろうか。『あまりに野蛮な』と『サヨンを探して』の分析を通して私が提言したいのは、両作品が植民地的な語りを弱体化させると同時に、あらゆる事象を包括する植民地主義が持つ支配力を超え、希望の場を開くようなポストコロニアルの未来を構築する、ということである。

植民地主義の排除と親密性の再節合

津島は宗主国である日本人の視点、メボウは台湾先住民の視点から作品を描いているにもかかわらず、どちらも支配的な社会歴史的文脈に対してサバルタンな立ち位置から作品を書いている。津島は、植民地時代の家庭に囚われた日本人女性の周縁化された生と、支配者と被支配者の間の境界線の詳述を試みる。ストーラーなどの研究者がオランダ、フランス、イギリスの帝国文化を事例に解明したように、植民地に生きた女性たちは「植民地の階層秩序に従属する者として、さらにはその身分に相応する帝国の担い手の双方として、男性とは非常に異なる人種の優越性と社会的差異の分裂」（Stoler 2002：41）を経験した。津島の作品は、植民地主義の中で生きる女性の経験の曖昧さに注目した。彼女たちは、日本内地や現地出身のお手伝いさんを有していたが、日本人コミュニティを出ることは許されず、旅行も禁止された。ある登場人物は、例えば、夫がデュルケームの作品を翻訳するのを（公表されないかたちで）手伝い、その上、子供を失った後の夫からのセックスの要求に苦しむ。

前述のように、『サヨンを探して』は、メボウの初めての映画で、中国語タイトル『不一様的月光（異なる月光）』からも分かるように、原住民のコミュニティを従来とは異なる形で照射しようとする。都市生活に苦しむ原住民を描写し、観客の気持ちを重たくする一般的な映画とは違って、メボウは「原住民たちを、肩の力が抜けた自然体で描きたい」と考えていた（Huang 2011）[4]。メボウは、サヨンの物語を視覚的な道具として映画の中の映画として登場させ、また、映画全体の物語を叙述する装置として使う。そして、タイヤル族が昔の故郷へと帰る旅路に観客を引き込む。さらに重要なのは、祖父の語りを通して、タイヤル族の先祖と土地のつながりを観客が発見させることである。映画でも描かれるように、ほぼ誰も知らない先祖の村へ戻った時の体験を元に、メボウは原住民の美

（4） http://www.epochweekly.com/b5/256/10203p.htm を参照されたい。

術品や小道具を使い、ほとんどの役に原住民を抜擢し、自然で「真性」の彼彼女らの生を表現するため、役者にアドリブをさせることもあった。霧社事件とサヨンの鐘には、どちらも植民地的な歴史が立ちはだかっている。しかし、この小説と映画は、規範的な植民地言説から離脱し、そのような言説では周縁化されてきた原住民の体験を新たに叙述しようとしている。

支配的な植民地時代の語りを取り払うことで、津島とメボウはサバルタンたちの親密な関係に焦点をあて、最終的に新たな過去との和解の形を可能にする。どちらの物語にもはじめは植民地時代の過去を辿りたいという動機が存在するが、最終的には未来の可能性へと向けて邁進する。『あまりに野蛮な』で津島は最初、植民地へのミーチャの旅路と、彼女の夫との間のロマンティックで官能的な関係を描く。霧社事件によって、ミーチャは植民地と家庭での抑圧に気付き、反乱を起こした族長のモーナ・ルダオに自分の姿を重ね合わせ、心も身体も夫から距離を置くようになる。小説の最後で、姪のリーリーは叔母のミーチャが夢みることしかできなかったことに向き合おうと、日本人居留地を出て、宗主国の女性は立ち入ることが禁じられていた中央山岳地帯へと赴く。原住民の年配女性と台湾人男性との出会いを通して、リーリーはミーチャが体験していたかもしれない出来事を想像する。小説では、二つの時代が最後に収束し、リーリーとミーチャの区別がつかなくなり、植民地主義と霧社事件が崩壊して、リーリーがモーナ・ルダオ、テワス（ルダオの妹）、山中で現代に生きる原住民女性や台湾人の男性と出会い、友好的な同盟関係を結ぶことで、ポストコロニアル状況下の現在になっていく。

映画では、村の住民がサヨンと彼女が溺れた理由についてインタビューに答えているところで終わる。これらのインタビューを通して浮上するのは、サヨンの「真実」の不可能性である。サヨンの年齢、教師の下山に同行した生徒の数、サヨンの行動が自発的か義務的か、先生に対する好意からかなど、村人たちの意見は多様で矛盾に満ちている。その主な理由は、この事件の目撃者と、サヨンと共に山を降りた同級生が存命ではないからだ。植民地時代の足跡は、デリダ派のいう「痕跡」のように、植民地主義の現前を示すが、植民地主義の非-在を押し殺してしまう。つまり、植民地での家庭生活における抑圧は、原住民の神話創作と喜びという世界観を消去してしまうということである。したがって、辿る、という行為は、過去を忠実に再生産するものではなく（なぜなら過去は常に流動的で多様な解釈を許容するため）、むしろ、和解に向けて新たな展望を開く道の一つである。そしてその道は、植民地主義と共にあるのではなく、家族や親しい他者と共にある。

ミーチャの人生と彼女の思いは、ほとんど姪のリーリーによって語られる。リーリーは、ミーチャが亡くなった約七〇年後に台湾中央部へと旅する。この旅路は、夢や、個人的な内省、推測といった形式で語られていく。読者は、リーリーと叔母のミーチャの姿を重ねて見る。それだけでなく、ミーチャが台湾で自分の子供を亡くし、リーリーも交通事故で一一才の息子を失ったことも知る。台湾へのリーリーの旅路は、叔母の植民地時代の生活を知るためだけではなく、息子を亡くしたことに起因する彼女自身の痛みを癒す（もしくは、彼女の言葉を使えば、「時が癒してくれるのを待つ」）ためでもあった。実際リーリーが年配の原住民女性と台湾人男性のヤンさんと山間部へ旅することで、読者は初めて、異なった精神性や神話の世界を構成する「雲豹」や「黄色い蝶」などの、原住民の伝説やしきたりを知る。

小説の最後にかけて、二つの時代が融和し、ミーチャとリーリーの世界が夢の中で一つになる。「これは、リーリーの夢なのだろうか。それともミーチャの夢?」「結局のところ、同じもの。リーリーの夢とミーチャの夢を分けることはできないし、分ける必要もない。」(Tsushima 2008 : 334) リーリーとミーチャにヤンさん、もしくはモーナ・ルダオ、テワス、一五歳で命を落とした若い台湾人の手伝いメイメイも加わる。彼らに共通するのは、親しい者の若い命を亡くしたことである。それぞれがその子供を背負う。皆は、黒い犬に連れられ、「雲豹」の影を伴って、三つの太陽が燃えている「世界を善くする」ための旅路にいる。三つの太陽の話とは、人間が(小説の序盤で述べられている)余分な太陽をなくす努力をする原住民の神話である。太陽は人間の世界から遠くにあるため、この原住民の神話では、太陽がある場所までの長い旅路を進む登場人物に赤ん坊が同伴する。太陽に到着する頃には、全員が年老いて衰弱するが、赤ん坊は成長し、もう一つの太陽を撃つことができるのである。もう一つの太陽が排除され、世界が通常の秩序に戻ると、若い男たちが家路に着く。家に着くと、彼らも歳を取っている。三つの太陽は二つになり、リーリーと彼女の仲間はこの旅路を繰り返す(このもう一つの太陽というのは日本を指すものだろうか?)。ここでの親密性は、生者、死者、そして来るべき者の間で持たれる。小説の旅の一行は、同じ国、部族、人種に属するものでなくてもよい。そして、赤ん坊たちとも血縁関係がなくても良い。彼ら彼女らは、ロウの言う「植民地で生きた人びととの移ろいやすい接触」（Lowe 1996：203）を思い起こさせる。彼らが共有するものは、喪失感と「世界を善くする」ために前進する任務である。より重要なのは、世界を改善するためには、若者をつなぎ合わせ、植民地における支配者と被支配者、「内地（日本）」と「外地（日本の海外の領地）」、死者と生者の境界を超越する世代間の努力が必要不可欠だということだ。

『サヨンを探して』の冒頭部では、サヨンについての「真実」を探すことは不可能であることが前もって提示されるだけでなく、それとは異なる物語の道筋があると示唆される。映画は、「現実の世界と小説の世界には大きな隔たりがあるが、私は真実の記録に耳を貸したくはない。それは、私がサヨンの真実を探す旅路を始めなかったのと同じように」というリ・ケシャオの回想から始まる。サヨンの物語の真相究明、特に日本人の先生と若い原住民少女の「親しい」関係（つまり、植民地的な叙述）を探ることは骨折り損となった。結局のところ、「本当は」何が起こったのかについて、複数の物語が存在するだけである。サヨンの真実を探す過程で観客は、ヨー・ガンと彼の祖父、祖父と先祖、「昔の村」と互酬性の精神世界の関係へと導かれていく。津島が共有された喪失を基にしたコスモポリタンな帰属様式を想像しているのに対して、メボウの関心は、より地元に根差した、彼女自身の民族に特有のものに向けられる。山間部に進む道中で祖父は、愛別離苦を表現する日本語の曲を楽しんで歌っているように見受けられる。しかし、彼の喜びは、植民地時代へのノスタルジーではなく、昔の村を見ることができるという期待にある。このシーンでは親密性が、サヨンと先生の間にあったとされる植民地時代の愛情（不確定なもの）から、祖父とサヨンの間にあったとされる愛情（捏造されたもの）へと移り、最後には、祖父、若者、先祖（原住民の知恵）の愛情へと移り変わる。もっとも心を打つシーンは、祖父が仲間と、泥と雑草でいっぱいの景色に成り果てた昔の村へ到着するところだ。想像していた場所が先祖の家であったことが分かり、祖父が話し始める。彼を抱き寄せるヨー・ガンと、感情を抑えられない祖父のアップと、山間部の景色が交互に写され、祖父は両親と自身との間にある無条件の愛や恩について語る。「お父さん、お母さん、あなたがたなしには、私は今存在していない。あなたたちが私を育ててくれた。あなたがたが私を育て教えてくれなかったら、私は成長しなかった。そして私はここに立っていない。」個人的、家族的、共同体的なものへと移ろいながら、祖父は嘆き悲しむ。「私の部族の多くがここに来たがっている。ここに来るためにみんな努力してきた。みんなこの場所を恋しがっている（と言って彼は泣く）。みんなここに戻ってきて部族の本来の姿を見たがっている。おそらく私がここに来るのは最後になるだろう。私はあなたがたが見えない。でも、代わりに私はここで涙を流します。聞こえていますか。私はこんなふうに泣いたことがない。なぜなら私はあなたがたがいなくて寂しいし、故郷を恋しく思っているから。」ヨー・ガンはそんな祖父を抱きしめる。

台湾人の取材班は、若いヨー・ガンと彼の友人アークオに、昔の祖父の村との感情的なつながりをどう思うか尋ねる。ヨー・ガンは、「ここには住んだことがない。だから感じることはそんなにない。もし住んでいて、自分の故郷がこんなに廃れているのを見たら、彼のように泣くと思います」と答える。アークオも「とても価値のあることだと思います」とヨー・ガンに同調する。レポーターは、「でもここには何もないですよね」と言う。アークオは、「でも、私は、私がどこにいようと、先祖のたましいが会いにきてくれているとわかります。彼らは私と会うことができるのです」と続ける。つまり、若い世代でも、そして国民党の強制移住の政策によって昔の村が廃墟となっても、過去とのつながりは想像可能なのである。年配の人びとの記憶や原住民の狩猟を媒介したとしても、部族の生活は近代化によって単純に消え去るものではない。映画の冒頭でヨー・ガンがカメラから離れていく姿が映されたのとは違い、最後ではヨー・ガンがカメラへ向かって走ってくる姿が映される。つまり、映画は将来へと向かうシーンで終わる。そして「部族の神話と文化はゆっくり消えつつある。しかし僕の部族は、山に住もうが、陸に住もうが、生きるために甚大な努力をし続けている」という言葉が重ねて映し出される。

津島とメボウは、植民地主義から距離を置き、世代間の和解の形を模索している。それはリーリーとミーチャ、ヨー・ガンと祖父の関係性に現れている。国家との和解の場の一つとして、植民地主義を想定しないことは、植民地の傷を軽視するという意味ではない。第一に、植民地の過去に過剰に執着することは、現代変わりつつある権力関係に対峙する必要性から目を逸らす危険性がある、というアリフ・ダーリク（2002）の警告に耳を傾けることを意味する。それは、ウィリアム・キャラハン（2010）が、中国における「国恥言説」と呼ぶものにもっとも明白に表れている。歴史的な敗北と犠牲が、偉大な中華帝国時代への復古の正当化や不均衡な発展からくる矛盾をうやむやにするような、ナショナリズム言説に使われてしまっているということである。第二に、かつて植民地支配された国による賠償と真の謝罪の要求によって、日本政府は狼狽し、もしくは、それらを完全に拒否している。韓国のいわゆる「慰安婦」は、一九九〇年代後半以降、毎週水曜日に日本大使館の前でデモを行ってきたが、日本国家が、組織的な性奴隷制を導入した経緯における帝国日本の任務（と連累的に昭和天皇の責任）を認めず、彼女たちの要求を拒否しつづけている間に、無念のうちに亡くなった。政府によって企てられたナショナリズムと植民地主義の両方から脅迫され、政治的な和解は回避され、和解の代表となるはずの人びとを周縁化し続けている。津島とメボウの作品は、現代がこのような政治的難局に直面している歴史的な条件にあるからこそ、私たちに政府の力に頼らない従来とは異なる関係改善の雛型を想像させるのである。

結論

「赦しについて」で、ジャック・デリダは、第二次世界大戦以来、そして近年加速度的に「赦しのグローバル化」が地政学的な場面で見られると述べた。悔恨、告白、赦し、謝罪が行われるあらゆる場面で、私たちは「個人だけでなく、全てのコミュニティ、職業、聖職者のヒエラルキー、主権、政府のトップが〈赦し〉を請う」のを知っている（Derrida 2001：28）。赦し、舞台、形象、言語などの概念は、デリダによれば、アブラハムの伝統に属する宗教に共通する概念で、ヨーロッパや「聖書的」な起源を持たない文化にもあると言う。アブラハムの伝統以外にも及ぶ赦しの普遍化を強調するため、デリダは、日本の総理大臣が韓国朝鮮や中国における過去の暴力の赦しを求めるシーンを事例として用いている。「（総理大臣は、）自分の名前において〈心からの謝罪〉を表現した。（最初は）天皇が国家の君主だったことに言及しなかった。しかし、総理大臣は、個人という存在以上のものである。近年、よりもっともらしい交渉が行われ、日韓政府間で、より公式的で真剣な取り組みがなされている。おそらく賠償金が支払われ、政治的な方向転換がなされることだろう。」(Derrida 2001 : 31)(5)

（5） どの総理大臣を指しているのか、どのような謝罪をデリダが考えているのかという情報を私は持っていない。しかし、この本が二〇〇一年に出版されたことから、おそらく、一九九四年六月から一九九六年一月に総理大臣として着任していた社会党党首の村山富市を指しているかと思われる。彼は、アジア諸国における日本の植民支配と侵略について謝罪した。村山談話は、公式に「戦後五〇周年の終戦記念日にあたって」と名付けられている。「賠償金と政治的な再配列」(Derrida 2001: 2001 : 31) について、デリダは楽観的すぎるように思える。謝罪から天皇を省いたのは、天皇から戦争責任と犯罪から省くという、戦後のアメリカと日本の共謀を考慮したものである。もし村山がデリダの引用するような例とするならば、私たちは彼が他の戦後の総理大臣よりも和解の態度を示したという事実を無視するべきではないだろう。村山は、短命に終わった「アジア女性基金」（一九九四－二〇〇七）を先導し、「慰安婦」たちの苦しみを保証する民間のメカニズムを作った。しかし、これにより国家が性奴隷のシステムを作ったという責任を放棄した。二〇一五年一一月、マックグロウ・ヒルという出版社は、ハーバート・ジーグラーとジェリー・ベントリーによる『Traditions and Encounters: A Global Perspective on the Past, Vol.2』を出版したが、ニューヨークの日本総領事館によって、「慰安婦」について書かれた二つの段落（つまりエントリー全体）の削除要請を受けた。

デリダの赦しの概念が日韓の文化とは無縁であることはさておき、彼は、赦しを求める言動の「道具性」を考察している。「これらの交渉は、常にそうであるように、正常な状態に復旧するために好都合な（国家、もしくは国際的なレベルでの）和解を創出する目的で行われる。赦しの言葉は、最終的な目的であるために、決して純粋かつ公平なものではない。政治的な場では常套句となっているが。」（Derrida 2001：31）デリダはしたがって、和解の名の下に、正義を擁護するのではなく、それをかわす政治的な横領を批判する。この点についてデリダは、和解は大切であるが、和解が、和解や恩赦を与える者の寛大なふるまいの中に存在する、戦略的もしくは政治的な計算に帰属しており、赦しと同じだと考えるべきではないと言うのだ。

二つの作品を通して私が模索したのは、国家の介入や関係正常化を伴わない和解の可能性である。これは、日本国家による植民地暴力や戦争犯罪への責任の必要を軽減するものではない。植民地支配と戦争が国家と天皇の名の下に遂行されたものであるからこそ、和解と赦しに対するいかなる意思表示においても、彼らが加わり、告発されるところから始められなければならない。しかし、東アジアの地政学的な権力の変遷と国民国家同士の緊張感が高まる中、近い将来、いかなる定言命法や負債と義務をも超える和解が可能になるとは考えにくい。仮になんらかの同意が国家間でなされたとしても、条件によっては、国家的・政治的な（異性愛規範の）正常性を再建するだけであろう。その例として、二〇一五年の「慰安婦」問題の日韓合意がある。同時に重要なことは、植民地支配と戦争を経験した最後の世代は急速に亡くなっている。彼ら彼女らの、赦しと賠償の要求と承認の願いを、日台韓政府はほとんど無視してきた。私は、植民地支配を生き抜いた、もしくは、ポストコロニアル時代の現代に生まれた人びとが、植民地主義の記憶をどのように受け入れていくのかに注目している。

他の学者もデリダと同じく、和解にまつわる条件付きの道具主義について警鐘をならしている。ルワンダの虐殺から二〇年を追悼する『ニューヨーク・タイムズ』に掲載されたフォトエッセイを非難する記事で、スチトラ・ヴィジャヤン（2014）は、和解、赦し、変節をめぐる語り自体が、殺戮と虐殺後の影響の複雑性を単純化するだけでなく、和解の名のもとに、政府が恒久化した暴力をうやむやにすることを問題視している。ヴィジャヤンは、破壊されて矛盾したルワンダ人のアイデンティティを、同紙が「フツとツチ、善と悪、被害者と加害者、救済と解放、という二項対立の図に捉われ」て、単一の「包括的なアイデンティティ」として考察していることに異議を唱えた。「フツ族とツチ族の二人が隣同士に並ぶ写真によって、この単純な構図は強調された。その写真には、赦しを請う者、赦しを与える者という短い証言が書き記してある。気持ちがスッとするこのような救済物語は、被害者がどの時点で加害者となるのかの道徳的な曖昧さを考えさせる難題、もしくは、解決不可能な闘争と共存する葛藤に直面していない。和解は、「社会的なヒエラルキーを正統化させるための共通性の概念に訴えかけるため、多様なあり方の構造的暴力が行使されることにただちに加担することになる。」

このフォトエッセイは、多数のフツ人への報復的殺害を含んだ、ルワンダ愛国戦線とその関係者による虐殺の前、最中、後の戦争犯罪を告訴することをめぐるルワンダ政府の拒否については触れ損なっている。共約不可能なはずのフツの罪悪感と、ツチの被害意識を単純化した語りこそが、虐殺後のルワンダの政治的権限の基盤を形成した。それゆえに、虐殺の記憶は国際的な批判と反対意見を交わすための道具として使われ、和解の行動は、「時には本当の意味で参加型のものであるが、カガメ大統領の政敵を脅迫し、彼の政治的権力を強固にするために操作されてきた」。ヴィジャヤンが論じるように、赦しを請うことと、和解を捻出することは、最終的に政府の計算と要請になり、デリダが「国家的な和解」（Derrida 2001：40）と称するものに還元させられてしまうのである。このような条件付きの和解は、重要かつ必要ではあるが、抜本的な権力の再構成を行わない限り、私たちが意図する目標を達成するものではない。

赦しに関する考察の最後に、デリダは、赦しの、その名前にふさわしい、「純粋性」について夢想する。それは、「権力なき赦しである。無条件であるが、主権を持たない。」もっとも困難な課題は、「ただちに必要であり、一見不可能に見えるが、無条件であることと主権を切り離す」（Derrida 2001：59）ことだとデリダは続けた。政治的な概念としての愛を表現する際、政治言説において非主権の、社会的で主体的なかたちをどのように想像できるかは、マイケル・ハートや、ローレン・バーラントのような理論家の心を奪っている。彼らの理論は異なるが、両者は可変的で集団的で持続的なものとして愛を考えている（Davis and Sarlin 2008）。社会的なものの非主権的な可能性としての真の赦しや愛という個別の問題については言及していないが、私が、この章でセンチメンタリティや和解の概念を使ったのは、歴史的な不正義と植民地時代の記憶の非国家主義的、非植民地的、非保証的な解決法を想像しようと試みるためである。この地域における帝国変遷の時期――日本の衰退と中国の台頭、そして、未解決の植民地主義の過去と混乱の多いグローバルの現代――に、私たちは、今日の東アジアの覇権を勝ち取る本当の競争のために隠されてきた複雑性を曖昧にせずに、植民地主義に対するまっとうな抵抗をしていかなければならない。反日と親日という感情は、この本で述べてきたように、帝国日本の脱植民地化の失敗と、グローバル資本主義に現れた中国の再台頭の結果である。ボロミアン環につながった資本＝ネーション＝国家の中で、経済的な蓄積と政治的な権力争いを続けるかぎり、デリダが夢想している「無条件で無主権な赦し」は近い将来には達成できないだろう。

悔いの念に満ちた日本鬼子や、抵抗する「慰安婦」、ノスタルジックなドーサン世代や原住民の年配者たちなどの帝国にまたがる存在は、帝国日本と戦後冷戦秩序の間で引き裂かれてきた。時代の流れによって多くの人が亡くなり、彼ら彼女らの苦労、決意、憤り、切望は、ポストコロニアル状況下の国民国家が、責任、賠償、是正などの問題に注意深く従事しなかった証拠ではないだろうか。例えば、日韓の「慰安婦」問題（第3章）は、国家が政治的手段を通じて経済的・文化的交流の促進を求めるようになったため、条件付きの和解が創出される動きは間違いなく起こるだろう。同時に、競合するナショナリズムは、過去の残虐行為や痛みを構築して想起することで、国内の矛盾を和らげるために動員されるだろう。和解というリベラルな言説と救済というナショナリズムの言説は、相互に排他的なのではなく、実際には新自由主義的な資本主義の過程を示す症状と同等なのである。この点に関しては、国民国家は無条件な和解が創出される場として重要ではない。なぜなら、その基本的な運営が条件付きの交渉にあるからだ。それゆえに、反日、親日主義を乗り越えるためには、国家同士の関係に代わる協力関係を模索し、別の形の和解を想像しなくてはならないのである。

エピローグ　反日主義から脱植民地デモクラシーへ
——東アジアにおける若者の抗議運動

デモクラシーは偽善である。

——マルコムX

二〇一四年三月から二〇一五年八月にかけて、東アジア各地で学生主導の大規模なデモが生起した。台湾のひまわり学生運動、香港の雨傘運動、そして日本の「自由と民主主義のための学生緊急行動（SEALDs）」によって導かれた抗議行動は、それぞれの政府に異議を唱え、数万人の人びとを街頭に集めた。二〇〇五年と二〇一二年の中国の主要都市で起こった反日抗議運動とは異なり、公共空間を恐れることなく占拠し、感情の込もったスピーチで群衆を集め、時折警察とも衝突した若者たちの姿は映像を通して広く伝えられた。加えて、しばしば報道されたデモ後の清掃は、学生の高揚感と理想とともに一般の人びとに感銘を与え、東アジアにおけるデモクラシーの新時代の幕開けを示したことだろう。リベラル・デモクラシーの名の下に、これらの運動は、中国大陸などで行われた反日運動の愛国的なレトリックや暴力的な表現を超越していたように見える。各運動は、それぞれの社会的・政治的文脈から生じたが、それらもまた、二〇一一年以降の世界的な若者の活動、とりわけオキュパイ運動に触発されて、変革の要求と運動戦略を共有する形で互いに共鳴した。地方、国、国をまたいだ地域、そして世界的な連動性は、東アジア地域における若者たちが政治的無関心であるという認識を覆すものである。実際に、多くの人びとが、これら若者たちの運動における斬新なソーシャル・メディアの使い方や、「リーダー不在」という非階層的な組織のあり方に注目した。

しかし、私はこれらの学生の抗議運動を東アジア地域という枠組みから捉え直し、反日主義への代替案を提案したい。これらの運動は、政治的ビジョンや各国の状況が異なるにもかかわらず、アジア間の対話と活動に貢献できるような、国境を越えた地域的な政治的主導権を形成する可能性がある。第一に、三つの運動に共通する二つの特徴について述べたい。最初の特徴は、大衆文化の重要性である。大衆文化は、この地域での対話と相互参照関係のための共通文法を提供している。次の特徴は、若者の間に中国の台頭に対する懸念と不安定性の感覚が共有されていることである。第二に、戦後資本主義体制において、とりわけ日本における植民地問題を覆い隠している民主主義の共犯性を問い、そこに挑戦しなければ、運動がリベラリズムとナショナリズムの限界を超越することはできない、ということを私は主張する。要するに、反日主義から民主主義の脱植民地化へと言説を転換させることが必要なのである。

二〇一六年にSEALDsが執筆した著書（『日本×香港×台湾　若者はあきらめない　国境を超えた「学

生運動」の連帯は可能か?』 *Youths Never Give Up—Japan, Hong Kong, and Taiwan: Is a Transnational Student Solidarity Possible?* として翻訳された）には、組織のメンバー（奥田愛基、牛田悦正、溝井萌子）と、香港の学生活動家（アグネス・チョウ〔周庭〕とジョシュア・ウォン〔黄之鋒〕）と、台湾の学生活動家（チェン・ウェイティン〔陳為廷〕）との五つの対談が掲載されている。本のタイトルにもある問いかけは、学生運動の連帯が、模索中で進行中のプロジェクトであることを示唆している。と同時に、国境を越えた同盟関係構築の意志とその困難な状況を強調してもいる。この本の中では、編者の進行のもとで、日本の若者たちがウォン（第三章）、チョウ、チェン（それぞれ一章分）と、互いの運動の第一印象や、デートと活動の両立、そして動員戦術やポスト学生運動のビジョンまで自由なスタイルで深く語り合っている。この対談のなかで私が注目したいのは、東アジアに生じている二つの感性に関することである。それらは、若者たちの共通文法としての大衆文化、および東アジアの新たな覇権国としての中国に対するものである。学生たちが、ソーシャル・メディアを介して互いの活動をフォローし、お互いに称え合っていることは、彼らの交流から明らかである。彼らの会話は仲睦まじく、和気あいあいとしている。そこには、将来の政治的役割に関する小さな意見の相違はあるかもしれないが——闘いを継続するために、野党を形成するか、新たな政治機関を設立するのか、といった——、お互いの違いを示すことよりも、共通性を見出そうとする会話が交わされている。しかし、目を引くのは、戦後以降のアジアと日本の関係を特徴づける脱アジア化のプロセスや、日本の隣人であるアジア諸国に対する日本の若者たちの無知である。SEADLs のメンバーの一人である牛田は、序文でこのことを認めている。牛田は、おそらく彼も含めた日本の若者のほとんどが、自分がこれまで「東アジア」と呼ばれる地理空間に所属しているということを真剣に考えたことがなかったという。彼の発言は、インターネットにたくさんのイメージや主張が溢れているにもかかわらず、日本人が東アジアという空間を他の国の若者と共に生きている空間として想像することの難しさを表現している。牛田は、これを一つの意見にすぎないと前置きし、彼らの理解不足の背景については突き詰めようとはしない。牛田は彼らと民主主義や政治運動について話し合うことによって、ようやく彼らとの共通点や彼らの志について気づき始める（SEALDs 2016：10）。

しかし、後述するように、この気づきから、日本の若者たちが救い出そうとしている日本の民主主義それ自体を、脱植民地化プロジェクトへと変えていかなければならない。香港や台湾の若者たちは、牛田たちが香港や台湾について知っている以上に日本のことを詳しく知っている。日本の大衆文化は、国境を越えた想像の共同体を作るために欠かせない役割を果たしている。アグネス・チョウ、ジョシュア・ウォンとチェン・ウェイティンは、みな一九九〇年代生まれである。この世代の日本との関係、とりわけ文化的生産物との関係は、戦争と植民地主義の記憶が強く残る彼らの両親や祖父母の世代とは大きく異なっている。香港では、一九八〇年代に日本の大衆文化、特にポピュラー音楽、そして一九九〇年代にはアニメとマンガへの関心が高まった。戒厳令後、市場が自由化された台湾では、二〇〇〇年代初期から「哈日族」の若者たちによって、日本の大衆文化がよく好まれている。さらには、アニメやマンガにとどまらず、日本のＴＶドラマ、音楽、映画、料理、ファッション、文学などが、インターネットを介して、台湾、香港、そして近年急速に中国の若者によって貪欲に消費されている。彼らの幼少期の経験を考えれば、チョウ、ウォン、チェンが日本の大衆文化に精通し、雄弁であることには何も驚かない。ここで私が注目したいのは、彼らの世代にとって、「日本」はもはや外部でも外国でもないことである。つまり、日本の大衆文化は、彼らの日常生活の一部として親密な対象やテキストを生み出しているということである。若者たちの間での日本の大衆文化との関わり方にはさまざまなレベルがあるが、私がここで示唆しているのは、文化的実践と消費をめぐる「ありふれた」側面である。この三地域出身の若者たちは大衆文化のなかの共通の作品を通して、時間と空間を共有することができる。例えば、ウォンは、政務長官との議論の際に「我々は時代に選ばれし子ども」というフレーズを使って自分たちのグループを称したというエピソードを話す。このフレーズは、彼の大好きな日本のアニメ『デジモンアドベンチャー』に由来する。これを聞いて奥田愛基はすぐに飛びつき、『デジモン』はお気に入りであり、カラオケでアニソンを歌っている、と応答する。チョウもまた彼女の話の中で、日本のマンガやアニメの大ファンであることを明らかにし、よくフェイスブック・ページにアニソンを投稿するという。ウォンは、ガンダムのマニアだという。チェンもまた日本のマンガや村上春樹や村上龍などの小説家に対する好みを述べる。彼は六〇年代安保闘争を描いた『メドゥーサ』（かわぐちかいじ）や七〇年代の成田空港建設をめぐる三里塚闘争の『ぼくの村の話』（尾瀬あきら〔台湾では『家』というタイトルで翻訳刊行〕）のようなマイナーなマンガから日本の社会運動について学んだと言っている。さらに、チェンは、柄谷行人や小熊英二のような日本の知識人が過去一、二年の間に台湾を訪れ、講演したことにも触れる。しかしながら、印象的であるのは、日本の大衆文化にたいするチョウ、ウォン、チェンの熱意と知識に比べて、日本の若者たちが台湾や香港の文化にたいして一言も言及しないことである。この「国境を越えた想像の共同体」は、生産、流通、消費において決して平等ではないのである。日本の若者たちは、日本列島以外の文化や知的発展についてほとんど知らない。この「東アジア」に現れた共有空間が、非対称な関係に基づいている事実を日本の若者たちは学ばなければならない。なぜなら、アジアにおける植民地と帝国主義の歴史、そして戦後ポストコロニアル時代の脱アジア化という問題があるからだ。日本の若者が脱植民地化過程への出発点としてのアジアと向き合うために、反日主義と親日主義は重要な言説となる。

対談の第二の共通話題は、中国の台頭とそれによる地域的および世界的な影響である。香港と台湾は、明らかに中国大陸とは複雑で抑圧的な関係にある。しかし、やはり問題であるのは、かつての宗主国であり、アメリカの忠実な同盟国である日本が、中国の台頭(および自国の衰退)をどのように受け取っているのか、である。チョウ、ウォン、チェンは中国の存在を普遍的な民主的価値に対する脅威として認識している。彼らは自分たちの政治活動とエネルギーを、北京の権力に抵抗し、混乱させるための手段として考えている。一方、奥田、牛田、溝井は、安倍政権が中国の脅威を利用したと考えている。安倍政権は「積極的平和主義 proactive contribution to peace」〔これは平和学における積極的平和 positive peace とは異なる〕という漠然とした宣言のもとに、戦後憲法を再解釈することで海外への軍事展開を可能にする安保法案を成立させるために対外的恐怖を煽った。雨傘運動の主な推進力は普通選挙の要求であると考えられているが、チョウとウォンがその前身である学民思潮 Scholarism を立ち上げたのは、二〇一二年の香港政府と北京による「愛国教育 moral and national education」〔中国共産党が必修化しようとした愛国教育〕導入に抗議するためであった。チェンとひまわり学生運動の場合もまた、運動に推進力を与えたのは、時の政権与党であった国民党（KMT）による海峡両岸サービス貿易協定（CSSTA）の密かな通過であった。二〇一三年に署名されたがまだ批准されていない CSSTA は、中国大陸と台湾の間のサービス貿易を自由化することを目的としていた。チェンは、ひまわり運動が支持を得たのは、二〇〇八年に親中政策を敷く馬英九のもとで国民党が政権復帰した時点まで遡って考えなければならないという。中国共産党と六〇年ぶりの最高レベルの会議となった海峡両岸関係協会会長陳雲林の訪台に対する二〇〇八年の学生抗議、メディア・コングロマリットと親中的な国家経済の発展のレトリックに反発した二〇一二年の学生主導の反メディア巨獣独占運動 Anti-Media Monopoly Movement、そして、二〇一三年の農村部の住宅の強制解体への抗議を引き合いに出し、それらが最高潮に達したのが、二〇一四年のひまわり学生運動であったという。奥田は、香港と台湾の仲間たちとの連帯を示すために、SEALDs から中国に「自由と民主主義の価値を理解する」ことを要求するいくつかの声明を発表したと言う（SEALDs 2016：48）。安全保障関連法案に対する SEALDs のスタンスは、安倍政権が憲法をあからさまに無視していることに対する学生たちからの異議申し立てに起因する。SEALDs の前身である

「特定秘密保護法に反対する学生有志の会」（SASPL）は、二〇一四年に特定秘密保護法に反対して結成された。これらの法案の重要な背景には、中国の台頭に対する脅威と不安を煽ることで、ナショナリズムを復活させるという安倍の姿勢がある。しかしながら、活動家たちにとっては、法案の中身ではなく、国民の強い反対にもかかわらず、与党が改正を強行したことが問題なのである。

中国の脅威を軽視することはできない。ただ私は、若者の政治的覚醒を下支えする彼らの将来への深い不安に着目したい。世界中の若者の間で共有されているこの不安定性の感覚こそが、問題の核心を構成している。アン・アリソン（2013）による日本の不安定さに関する鋭い分析は、東アジア地域内外にも当てはまる。本書で議論した反日主義と同様に、反中感情は東アジアの大きな構造転換を反映している。ウォンは、この世界中の若者に共通している問題は「富が手に入らない」、つまり未来の見えない低賃金労働に由来すると説明する（Allison 2013：148）。過去数十年間の新自由主義政策の波は、競争を激化させ、自己責任を強調し、多くの不平等を生み出し、若者の将来像を不鮮明なものにした。ここで、ジュディス・バトラー（2004）の議論が、「あやうさ precariousness」と「不安定性 precarity」を区別している点を思い出すことが重要である。前者はすべての人間存在に普遍的に起こりうる状態であり、後者は国策の帰結として、一部の人びとに生じる特殊な状態のことを指す。私はそこにほとんどの先進国おいて出現している不安定性をめぐる現象は、中流階級特有のものであることを付け加えたいと思う。これは、世界中の若者が直面している真の課題を矮小化するものではない。議論されている三つの地域には、台湾の原住民、香港の低賃金労働者、日本に居住する在日朝鮮人のように、常にもっとも不安定性にさらされる人びとがいる。〔それでもここで私が中産階級の問題だと言いたいのは、〕将来の不透明さに特有の状態としてこの不安定性の現象を知覚できるようになり、その問題の緊急性が増すのは、大多数を占める中産階級が新自由主義からの圧力と圧迫を感じ始めたときに限られるからである。

若者たちの運動が目指すのは、既存システムの改革であって、その排除ではない。直接民主制ではなく直接行動を欲望するのは、若者たちの間の自国主義／ナショナリズムの信念があるからである。香港人は、中国の脅威によって「一国二制度」ではなく、民主的な制度を要求することとなった。台湾人は、中国経済の圧倒的な力によって、いわゆる「天然独《ティエンランドゥー》 naturally independent」〔生まれながらの独立派〕と呼ばれる意識を高めた。そして、日本の若者たちは、政治過程への参加を通して、ナショナル・アイデンティティを増幅させたとまではいかないが自覚させた。しかし、彼らは「善い」ナショナリズムと「悪い」ナショナリズムを区別している。マリーヌ・ル・ペンやドナルド・トランプに代表される右翼ポピュリズムは、排他的であるが、彼ら自身のいうナショナリズムは、寛容で包括的なナショナリズムを代表していると考えている。チェンは、台湾ナショナリズムは、血統や民族性に基づくものであるというよりも、台湾という場所に基づく点において際立っていると論じている。したがって、彼らにとって、民主主義とナショナリズムは相互補完的なのだ。

東アジアにおける日本と他の諸国の不平等な関係、帝国主義が残した未解決の問題（「慰安婦」や領土紛争など）、および米国による属国状態は、日本の戦後民主主義のあり方と植民地問題の複雑化についての深刻な反省を迫る。SEALDsの限界は、敗戦、非武装化、民主主義が、脱植民地化のプロセスに取って代わった戦後の帝国日本の再構成に対する日本の若者たちの無頓着さにあると思う。SEALDsはリベラルで改革主義的な運動であるが、大規模なメディア報道と幅広い支持のために、より根源的な要求をおざなりにしている。ロビン・オデイ（2015）は、SEALDs運動を、フリーター活動家が求めた急進的な変化とは異なり、安倍政権以前の通常状態を回復しようとするものだと論じた。フリーター運動は、彼らの不都合や不遇といった問題の原因が、日本の戦後資本主義の根幹にあると理解していた。それは、イシュー重視でメディア主導のSEALDs運動にはない視点であった。オデイによれば、SEADLs現象が示すところは、日本の大学生たちの間で、社会運動が生活の一部ではあるが、生活のすべてではないという新しい政治的アイデンティティが形成されている点にある。過激にならず、理念に完全に身を捧げるわけでもないことと、政治的理想に真剣に取り組むことは両立する。この半世紀の日本全体の政治的無関心を考慮するならば、この考えは進歩的ではないにしても、幅広く学生たちに共鳴している。

SEALDsや他の市民団体による大規模な抗議もむなしく、安倍政権は二〇一五年九月に安保法案を可決した。法案の主旨は、自衛隊の海外派遣を許可する点にある。より具体的には、同法は、日本国憲法の条文を再解釈することによって、同盟国の「集団的自衛」のために自衛隊が海外で活動することを認めるものである。政府は、中国の台頭など、新しい地政学的課題に対応するために改正が必要であったと主張している。しかし、実際には安全保障法案の対象は、東アジア地域にとどまるものではない。世界的にテロリストの脅威があることを鑑みれば、世界中に日本の安全保障上の脅威があると考えられる。批判者や反対者は、この法案可決は憲法違反であり、不必要な米国主導の海外戦争に日本を導く可能性があると主張している。また、彼らは、日本の戦後の自由民主主義と、まさにそのうえで確立・維持してきた平和主義の理想を、安倍政権が破壊していると告発した。しかし、安倍政権による憲法再解釈への批判、そして戦後民主主義への揺るぎない「信仰」こそが、植民地主義の問題を不可視させているのである。

私は第1章で、戦後日本の帝国主義・軍事主義から非武装化・民主化への移行と再構築には、断絶よりもむしろ連続性があることを論じた。広島・長崎に代表される平和主義は、資本主義とともに日本の戦後民主主義の柱の一つとなった。原爆投下というアメリカの犯罪、そしてアジアにおける戦争責任と植民地責任に関する日本の犯罪の、その両方を広島の慰霊碑の曖昧さが赦している。日本の被害者を中心とする物語のなかで、朝鮮人の原爆犠牲者とその記念碑が周縁化されており、このことは帝国の問題を都合よく取り去っていることの表れである。平和記念公園の建築は、一九四〇年代の丹下健三による大東亜建設記念の設計案に基づいていた。また、長崎平和祈念像は、男性的な軍事的彫刻を手掛けた北村西望によって帝国日本のために作られた。世界平和とヒューマニズムの主張は、普遍主義がしばしばそうであるように、その具体性と植民地差異を覆い隠す。歴史上唯一の被爆国である日本が、国連で一二二カ国が採択・支持する核兵器禁止条約に署名しないことは、平和主義の偽善とアメリカの覇権への服従を続けていることを示している。

ハン・キム（2016）は、戦後日本の立憲主義と自由民主主義の思想は、普遍的規範の名のもとに各国民国家の主権が抑制されることで世界平和が果たされる、という「理想主義」に基づいていると主張した（Kim 2016：482）。言い換えれば、国民国家の主権は、国際社会の普遍的な規範に拘束されるべきであり、その前提は戦争そのものを否定するのではなく、主権国家の間での戦争の抑制にある。その普遍主義にしたがって、国際紛争は国際連盟や国際連合のような国際機関の介入のもとで解決されるべきである（Kim 2016：483）。しかし、この普遍主義は、特定の「人道に対する罪」を犯した国に対して、武力行使を可能とするものである。ひとたび人類の名のもとに戦争が宣言されると、敵は「人類すべての敵」と名指されることになる。ひとたび「海賊」と見做されると、「人類すべての敵」として人間社会から追放され、違法だろうがなんだろうが根絶されるべきなのである。キムは、戦後の日本国憲法の主要な前提は、この普遍主義に基づく戦争を認めるものであり、新たに可決された安全保障法案は、国際的防衛の名において日本政府が武力を行使することを阻むというよりもむしろ認めるものである、と主張する。

新しい安全保障法案は、戦後日本の憲法に違反したり、憲法から逸脱するものではないとキムが主張するのは、この普遍主義の遵守という点にある。彼は次のように書いている。

むしろそれは憲法の精神を受け継いでいる。日本政府は、「積極的平和主義」という表現を強調することで、普遍主義という基本的立場を維持している（中略）政府がやったことは、自覚はなかったかもしれないが、日本の戦後民主主義と立憲主義を支えてきた普遍主義の法的・政治的帰結を暴露することである。戦後日本が朝鮮戦争やベトナム戦争中のアメリカに支援したことを考えると、新しい安全保障法案は、日本政府が普遍主義の理想を「積極的に」継承し、今後も国際協力を支援し続けるという宣言とみなされるべきである。(Kim 2016：484)

それゆえに、安全保障法制を改正しようとする日本政府を、(SEALDsの主張するように)戦後民主主義と立憲主義の観点から批判するだけでは不十分である。なぜなら、それらの理想の核心にこそ、「人類すべての敵に対する戦争」の可能性があるからである。「人類すべての敵に対する戦争という考えが、戦後日本の言説と思想にどのような影響を与えたかを踏まえて、日本の戦後民主主義と立憲主義における普遍主義について再考する必要がある。」(Kim 2016：484) そのうえで、キムは、戦後民主主義における普遍主義と植民地主義との相互関係へと議論を進めている。

キムは、朴裕河(パク・ユハ)の『帝国の慰安婦』出版をめぐる論争と、その論争にたいする在日作家の徐京植(ソ・キョンシク)の反応を精査することを通して、日本の戦後民主主義における植民地という視点の欠如を浮き彫りにする。朴と日本の支持者に対する徐の批判は、戦後の民主主義と立憲主義への彼女らの信仰が、「帝国臣民」であった在日朝鮮人の窮状を無視している、というものである(そこに台湾人、アイヌ人、琉球人も同様に、民主主義から排除された人びととして加えることができるかもしれない)。敗戦後、これらの元臣民は日本に留まるしかなかった。しかし、日本政府は、彼らを自国民ではなく外国人として扱った。旧植民地の人びとは、帝国の身分を剝奪され、その権利を奪われた。「このようにして、第二次世界大戦後の日本列島の朝鮮人は、国民としての法的地位を失った。第二次世界大戦後の日本市民、すなわち日本の戦後民主主義の主体は、日本列島に住むかつての植民地の人たちを排除した形で規定されたのである。」（Kim 2016：485）端的にいえば、戦後民主主義は植民地支配への責任の放棄によって確立された。つまり、戦後民主主義は非民主的な手段によって成立したのである。

キムは、戦後日本を代表する政治哲学者の一人であり、東京大学初代総長でもある南原繁の著作を通して、普遍主義と植民地主義の関係性の検討を続けている。キムは、南原が、（まさに新憲法でも定められている）人類と世界平和に対する普遍的原則は、「天皇」を媒介にして日本の伝統と日本人が成し遂げるものであると解釈している、と指摘した。日本人を象徴天皇制のもとで教育し、それによく啓蒙された個人へ成長させることによって、日本の伝統は普遍的価値を達成することができる。なぜなら、世界平和の理想はすべての国（なるもの）の努力と協力によってのみ実現できるからである（Kim 2016：492）。日本が本来の「純粋な国家」へと回帰するには、「外部の人種」、すなわちかつての帝国に住んでいた被植民者たちの排除を必要とする。キムはこう結論づける。「戦後民主主義は、世界平和と戦争放棄というその理想にもかかわらず、はじまりから今日に至るまで、「人類すべての敵」に対する戦争という観念に依存していると言えるだろう。戦後民主主義が明らかにしたのは、一九四五年以降の普遍主義と植民地主義〔植民地の人を排除する国家主義のやり方〕

のもつれた関係である。」（Kim 2016：493）

戦後のアメリカ覇権の二本柱である資本主義と民主主義は、いまや脅かされている。不平等の拡大、宗派間の暴力、および生態系の危機は、多くに人びとをパラダイム転換や文明の変革へと導く「移行言説 transition discourses」を求めている（Escobar 2018）。民主主義について、ジャック・デリダのような理論家は、自由と平等の矛盾を吟味してきた。西洋世界の自己批判的な民主主義の脱構築ではなく、私たちはマルコムXに倣って、民主主義における植民地・新植民地状態を分析することから始めるのがよいだろう。まさにそれは「民主主義の偽善」なのだから。私が本書で議論したように、反日主義は、中国の台頭と帝国日本が残した未解決のままの帝国と植民地の遺産によって示される東アジアにおける構造的変化の兆候である。この帝国変遷の時期には、アメリカの覇権の衰退も含まれるが、しかしその圧倒的な軍事力とともにあるのだ。中国の野望を過小評価することはできないにせよ、日本がなすべきことは、東アジアの和解と未来に向けた対話を始めるために、脱帝国化のプロセスに真摯に取り組むことである。それは、反日・親日主義に向き合うことに他ならない。

訳者解題

本書は、Leo T. S. Ching の *Anti-Japan: The Politics of Sentiment in Postcolonial East Asia*（2019, Duke University Press）の全訳である（以下、略記はAJ）。

さしあたり、本書で使用した訳語について、少し触れておきたい。本書の最頻出単語である colonial/postcolonial について、本書では「植民地の」「植民地的」「植民地時代の」「ポストコロニアルな」「ポストコロニアル状況下の」「ポスト植民地時代」「（ポスト）植民地」など文脈に依拠して訳している。しかし、「ポストコロニアリティ」だけは、原文から変更できないので、そのままカタカナとした。次に、legacy という単語だが、この単語は基本的に「遺産」として訳出した。レオ・チンの前著『ビカミング〈ジャパニーズ〉』では、ブルース・カミングスの議論に依拠しながら、この語の肯定的、否定的、中立的いずれにもなりうる性質を含意するものとして扱っているため、これに準じた形の訳だと考えていただきたい。最後に、本書のサブタイトルとも関わる sentiment, emotion, feeling, affect の語である。それぞれ sentiment「情緒」「情」、emotion「感情」、feeling「感覚」、affect「情動」を基本に訳出した。厳密に定義されているわけではないので、ある程度の質感が分けられるようにし、文脈に依拠し、

sentimentを「感情」と訳している部分もある。しかし、「ポストコロニアリティ」と同じく、概念使用されている「センチメンタリティ」はそのままカタカナ表記とした。また訳註については、〔　〕で挿入した。以上の点にご留意いただきたい。

本書の著者レオ・チンは、デューク大学の日本文化研究、ポストコロニアル研究、カルチュラル・スタディーズを専門とする研究者・教員である。「日本語版への序文」で本人が語っているように、瀋陽出身の中国人の父と台南出身の台湾人の母のもとで、一九六二年台湾（台北）に生まれ、一〇歳から大学進学まで神戸に住み、大阪のインターナショナル・スクールで育ち、アメリカの大学で学んだ。それゆえ、日本への造詣も深い。レオ・チンは、*Becoming "Japanese": Colonial Taiwan and the Politics of Identity Formation*（2001, University of California Press）を発表し、日本でも邦訳され（菅野敦志訳『ビカミング〈ジャパニーズ〉植民地台湾におけるアイデンティティ形成のポリティクス』勁草書房、二〇一七年）、台湾人のアイデンティティ形成に関する研究で注目された（以下、略記はBJ。AJ、BJともに邦訳のページを記載）。

レオ・チンは、本書でも前著の問題意識を引き継ぎ、発展させている。本書の問いを深めるためにも、前著の問題意識を簡潔に整理しておこう。まず、レオ・チンが東アジアのコロニアル／ポストコロニアル研究に分け入るのは、英語圏の学界における同研究がヨーロッパ中心主義であり、そこにアジアの帝国主義＝日本の植民地主義が否認されていることにある。もちろん日本帝国主義や植民地主義の研究がないわけではない。しかし、それらは政策、歴史、経済が中心であり、「文化」（やアイデンティティ）の分析がほとんどない。そこに切り込むのがレオ・チンのプロジェクトであった（もちろんこれは前著執筆当時＝九〇年代の状況であり、現在では文化への着目はポストコロニアル研究の主題の一つである）。

では、なぜ東アジアのポストコロニアル研究に「文化」の視点が必要なのか。東アジアの植民地主義は、ヨーロッパの植民地主義とは異なり、白人／非白人のような「人種」に本質的差異があるわけではない。それゆえに、むしろ植民者／被植民者の間の「文化的差異性と同一性の言説を生み出した」（BJ: 13）のである。日本の帝国主義・植民地主義ではこうした機制によって調停がなされていったからこそ、「文化」あるいは「文化的遺産」に注目しなければならないのである。実際に、植民地言説において、「同化」「皇民化」という言説手法を採ることは、「法的・経済的権利の問題の曖昧化と回避を目的」としており（BJ: 7）、それらは日本人としての文化的アイデンティティを求める一方で、「真正の日本人」と「植民地の日本人」を区別していった。しかし、かつて日本人だった人びとに法的・経済的権利を否定し続けてきた事実は、戦後日本の対応から見て明らかである（例えば、朝鮮人被爆者、元「慰安婦」、台湾人元日本兵など）。もちろんそこには、（生来の）「日本人」であったのにもかかわらず、国家の公民権の外部に置かれてしまった人たちのことも想定しなければならない（例えば、中国残留者、朝鮮人妻となった日本人など）。ともあれ、こうした非日本人の公民権の問題を覆い隠すために「日本人」「皇民」というカテゴリーは構築された（BJ: 7）。それゆえ、レオ・チンは植民地主義が近代化を生み出したのではなく、植民地主義自体が近代性の本質だとして、次のように述べる。

> 簡単にいえば、縦割りの民族的・人種的・文化的カテゴリーであらわされるような、日本人や日本人性《ジャパニーズネス》、台湾人や台湾人性《タイワニーズネス》、原住民や原住民性《アボリジナリティ》、中国人や中国人性《チャイニーズネス》といったものは、植民地近代性の一時性と空間性の外において存在しないのであり、むしろ、それらは、まさに植民地近代性によって存在が可能とされるのだ、というのが私の主張である（BJ: 13）。

しかし、このことは東アジア、特に旧宗主国である日本ではほとんど理解されていない。また、それは戦後社会を対象とする研究者たちにおいても必ずしも前提とされているとは言い難い。いわゆる「常識的」「一般的」理解において、戦後の日本人は台湾人を「親日」、韓国人や中国人を「反日」と見做している側面は強く、国民－人種への安易な本質主義的理解でかつての植民地に住む人たちを見ている。すでに述べたように、他国の態度がそのように見えるのは、その国民の本質性でもなんでもなく、植民地主義とその前後の歴史のなかで構築されてきたものの現われにすぎない。だが、このことへの無理解が、現在日本において右派が撒き散らす排外主義や「嫌韓嫌中」感情を拡散させる原因となる。そして近隣諸国の意見を尊重する立場を表明すれば「反日日本人」というレッテルが貼られる事態へと至っている。

レオ・チンが本書で改めて問い直しているのは、まさにこの無知とねじれ、そして「反日主義」として現前するものの背景である。本書は、彼の日本人の継父が二〇〇五年の中国の反日デモを目にして述べた「なぜ彼らはまだ私たちを憎むのか?」(AJ: 11) という素朴な言葉から始められる。しかし、この純粋無垢な疑問に「欠けているのは、他者が自己の行為を通してどのように構成されているかについての自己再帰性の視点」(AJ: 11) に他ならない。しかし、右で述べたように、戦後アジアの反日主義は、本質主義的な民族性であるとか国民性といったものに還元されるのではなく、「「日本」に対する態度であると同時に、「日本」についての態度ではない、という矛盾を内包している」(AJ: 15)。それゆえ、レオ・チンの本書での問いは、「なぜポストコロニアル東アジアの社会不安や政治的懸念は、反日主義の形をとるのか?」(AJ: 15) となる。

本書で言及されているように「反日主義」は、明らかに戦後的な現象である。この点への着目は、「ポストコロニアリティ」という位置付けで検討されていく。周知のように、日本の脱帝国化の失敗と旧帝国日本の脱植民地化の欠如は、戦後冷戦体制を前提として反共路線（自由主義陣営強化）に邁進するアメリカによる経済復興、民主化、非武装化、平和主義、戦後責任の二国間解決と役務賠償・準賠償が日本の復興を早めたことと、それと対峙する植民地側の権威主義国家体制が主たる原因である。しかし、その結果、西洋／アジアという枠組みで思考されていた日本のアイデンティティ問題は時代遅れのものとなっている。

他方、抗議する側の社会の不安と欲望に着目する際に「センチメンタリティ」という枠組みを採用している。本書では、酒井直樹（2005）の「国体の情 sentiment of nationality」（近代国家において共同体の表象を可能にする「空想と構想力の機制」）概念に倣い、文化表象における反日主義を読解・分析する。前著では「同化」「皇民化」という植民地期の言説が中心に検討されたが、本書ではその後の言説政治が対象となる。

例えば、第3章では「慰安婦」問題が取り上げられる。レオ・チンは、文化ナショナリズムと男性中心主義に収斂される「恨」の感情を土台とする和解は、日韓両国の男性性による共謀＝家父長制国家の問題に陥ることになると注意喚起する。もちろんこのことは新しい知見ではないかもしれないが、この手法（例えば、一九六五年の日韓条約、二〇一五年の日韓合意）こそ植民地差異を覆い隠し、「慰安婦」女性を抹消する方法に他ならないのだが、歴史認識問題では同じ過ちが繰り返されている。

こうした「約束」を韓国が覆すことは、今日日本国内では「反日」的であるとされるが、韓国における「過去清算」には民主化という流れがあることを踏まえなければならない。民主化運動にとって、軍事独裁政権は植民地期に対日協力をした「親日派」の系譜にあり、また反共路線の開発経済を推し進めた軍事政権は人権を抑圧する原因であるため、ともに克服されなければならない対象である。だが、日本ではその「国民の情」が登場する文脈を知ろうともしなければ理解もされないため、ただ本質主義的民族観から「彼ら」は「反日」であるとだけ表象される（そして、反共路線で植民地期を搾取ではなく近代化の過程と捉える韓国ニューライトと日本の右派が結びつき、李栄薫『反日種族主義』の共同キャンペーンへと節合する）。それゆえ、光州事件と反米、ベトナム戦争時の韓国軍への訴訟、旧日本軍基地を使用した米軍基地村性売買被害女性訴訟なども国家暴力による人権抑圧という点で同じ位相にある問題であることへの理解は非常に薄い〔アン・キム・ジョンエ「韓国女性の〝安保〟——米軍基地村性買売被害女性の立法・訴訟闘争を中心に」『女性・戦争・人権』一七号、二〇一九年〕。

以上のように、戦後ポストコロニアルな状況でのみ登場する歴史認識問題をめぐって表象されるセンチメンタリティの背景を抜きにした「和解」は、きっと「反日主義」（と嫌韓感情）を再生産することにだけ寄与するだろう。もちろん、その他の地域についても解説したいところではあるが、是非本書の豊かな記述を確認してほしい。

「ここぞとばかりに独善性と道徳的優位性を誇示した自己中心的で高慢な〔アメリカの〕学生たちに腹が立ったのだ。そして、人権という言説の下に金〔玉先（キム・オクソン）〕さんの体験を普遍化している仲間の態度にもイライラしたのだ」（AJ: 101）という記述に、レオ・チンの一貫した憤り（センチメント?）を読み取ることができる。それらは、「世界平和とヒューマニズムの主張は、普遍主義がしばしばそうであるように、その具体性と植民地差異を覆い隠す」（AJ: 237）という指摘にすべて現れていると言えるだろう。

レオ・チンの問題提起はあくまで「日本」に向けられている。なぜなら、日本の戦後民主主義と平和主義は、かつての植民地の人たちを排除した形で規定されているからである。「戦後民主主義は植民地支配への責任の放棄によって確立された」（AJ: 240）わけであり、普遍主義の美辞麗句は脱帝国化／脱植民地化の失敗と欠如の上にしか成り立たない。それゆえ、本書では「日本における植民地問題を覆い隠している民主主義の共犯性を問い、そこに挑戦」（AJ: 228）することで、「日本の民主主義それ自体を、脱植民地化プロジェクトへと変えていかなければならない」（AJ: 230）と提言されるのである。しかも、それを国家同士の協力関係のほかに、別の形で求めていかなければならないとも指摘される。

では、どうすればよいか。本書はそこに抽象的な回答しか与えていないようにも思う〔第5章、第6

章を参照)。しかし、立ち戻るべき点は「他者が自己の行為を通してどのように構成されているか」であろう。

その一つのアイデアは、「日本人」というカテゴリーによって生じた不平等から「反日主義」の声に向き合うことだろう。それは、本書が指摘するような「国家」を枠組みとするのではなく、東アジア地域におけるトランスナショナルで共約可能な視点を不可欠とするものである。玄武岩が指摘しているように、被植民者は「日本人」という枠組みを戦後に外されることで補償が受けられなかったことと、(生来の)「日本人」でも、サハリン残留、中国残留日本人、在韓日本人女性、空襲被害者には、戦争被害を国家によって補償されなかったという「戦後被害受忍論」が適用されてきたという共通点がある。被害を救済されたのは、恣意的な「特別」を与えられた軍人・軍属、原爆被害者、引揚者、中国残留帰国者(の一部)と限られている(玄武岩『「反日」と「嫌韓」の同時代史』勉誠出版、二〇一六年)。これは、帝国日本と戦後日本の連続性を表す事象であるとともに、帝国日本に対する戦後日本人の被害者権利意識の薄さが、かつての日本人と日本人(と日本人同士)の間の不平等を隠蔽し続け、かえって連帯を難しくさせ、経済復興を理由に被害が忘却・受忍され、再び東アジアを蔑視する構造を温存してきたことを意味する。他方、共通点に着目することは、帝国日本による被害責任を問い直し、脱帝国化/脱植民地化の一つの契機となる可能性は十分にある。

もう一つは、「情緒 sentiment」に着目することではないか。本書ならば、「愛」や「世代を超えた親密性」という答えを国家の外に用意するだろう。さて、問題提起を向けられている「私たち日本人」にそれが可能だろうか。私にはこの課題に到達するためにクリアしなければならない問題があまりにも多いように思う。本書で繰り返し語られてきたように、「日本人」は未だアジアを歴史化も概念化もできていない。いや、それに取り組んですらいないのではないか。普遍主義に則った政治的な発言をすることが、いかに歴史的条件にもとづいた「ゲタを履かせてもらっている」ことか。こうした態度は、レオ・チンも幾度も言及しているように、近隣アジア諸国に対していまだ優越的立場からパターナルに接する家父長制国家という男性的特徴とも接続する。女性たちの連帯がトランスナショナルでグローバルな運動として展開している事実が、それを鋭く逆照射しているように（「慰安婦」問題、「平和の少女像」、女性国際戦犯法廷など）。だが、こうした女性たちの運動への（国家ぐるみの）反発も大きい。この状況を鑑みれば、政治のレベルでも半径数メートル圏内の生活のなかでも、人権感覚が醸成されていないのが日本の現状である。この状態で発露する相互の「嫌悪」と「敵対」の「情」は、東アジアにおいて日本自らの孤立感を高めるだけではないかと危惧する。しかし、まずはなぜ「嫌悪」「敵対」の「情」を向けられているか、歴史と植民地支配の文脈から自画像を描き直さなければならないのではないか。少なくとも安倍晋三元首相の「戦後七十年談話」のように、自分たちの「植民地支配」を矮小化して平和主義を謳うようでは、本書の提案にはいつまでも辿り着かないだろう。

本書は、訳者のみなさんの多大なる協力があって完成までたどり着くことができました。とりわけ、第5・6章を担当してくださった永冨真梨さんには、多大な負担と、添削まで含めてたくさんの力を貸していただきました。永冨さんをご紹介いただいたのは、輪島裕介さんでした。そして、そこにこれから東アジアの文化研究を牽引していくであろう趙相宇・比護遥という若い二人に加わってもらいました。二人とも私の至らない部分を遠慮なく指摘してくれました（ありがとう）。チームとして良い仕事ができたとしたら、彼らのおかげです（淡路島合宿、楽しかったですね）。

この本を訳出する企画を紹介してくださった能川元一さん、調査・相談・訳文推敲でお世話になったアクティブ・ミュージアム「女たちの戦争と平和資料館」（WAM）のスタッフの皆さん、館長の渡辺美奈さん、立命館大学の前川一郎さん、同志社女子大学の張瑋容さん、神戸学院大学の山口真紀さんにもお礼を述べたいと思います。ありがとうございました。たくさんの方の力をお借りしましたが、全体の責任は監訳者である私にあります。
最後に、完成まで根気よく編集をしてくださった人文書院の松岡隆浩さん、そして著者のレオ・チンに感謝します。

二〇二一年六月一〇日　緊急事態宣言下の大阪にて

倉橋　耕平

Xu, Gary G. (2007). *Sinascape: Contemporary Chinese Cinema.* Lanham, MD: Rowman and Littlefield.

Yamano Sharin. (2005). *Kenkanryū* [Hating the Korean wave]. Tokyo: Shinyūsha. 〔山野車輪『マンガ嫌韓流』晋遊舎，2005年〕

Yang, Hyunah. (1997). "Revisiting the Issue of Korean 'Military Comfort Women': The Question of Truth and Positionality." *positions: east asia cultures critique* 5, no. 1: 51-72.

Yomota Inuhiko. (2005). *Burusu Ri: Ri Shiuron no eikō to kodoku* [Bruce Lee: The glory and solitude of Li Xioa-long]. Tokyo: Shōbunsha. 〔四方田犬彦『ブルース・リー――李小龍の栄光と孤独』晶文社，2005年〕

Yoneyama, Lisa. (2016). *Cold War Ruins: Transpacific Critique of American Justice and Japanese War Crimes.* Durham, NC: Duke University Press.

Yoshida, Takashi. (2006). *The Making of the "Rape of Nanking": History and Memory in Japan, China, and the United States.* New York: Oxford University Press.

Yoshimi, Shun'ya, and David Buist. (2003). "'America' as Desire and Violence: Americanization in Postwar Japan and Asia during the Cold War." *Inter-Asia Cultural Studies* 4, no. 3: 433-50.

Žižek, Slavoj. (2006). "Is This Digital Democracy, or a New Tyranny of Cyberspace?" *Guardian*, December 30. http://www.guardian.co.uk/commentisfree/2006/dec/30/comment.media.

Intimate in Colonial Rule. Berkeley: University of California Press.〔アン・ローラ・ストーラー著，永渕康之，水谷智，吉田信訳『肉体の知識と帝国の権力――人種と植民地支配における親密なるもの』以文社，2010年〕

Sun Ge. (2010). "How Does Asia Mean? (Part I)." *Inter-Asia Cultural Studies* 1, no. 1: 13-47.

Sun Ge, Kuan-Hsing Chen and Youngseo Paik, eds. (2006). *Posuto higashi ajia* [Post-East Asia]. Tokyo: Sakuhin sha.〔孫歌，陳光興，白永瑞編『ポスト〈東アジア〉』作品社，2006年〕

Sun Shen, ed. (1995). *Kangzhan mingqu 100 sho* [100 war of resistance songs]. Zhejiang: Zhejiang Wenyi Chubanshe.

Takeda, Masaya. (2005). The Portraits of "Guizi". Tokyo: Chuoukouron sinsha.〔武田雅哉『〈鬼子〉たちの肖像――中国人が描いた日本人』中公新書，2005年〕

Tanaka, Yuki. (2007). "Oda Makoto, Beheiren, and 14 August 1945: Humanitarian Wrath against Indiscriminate Bombing." *The Asia-Pacific Journal/Japan Focus* 5, no. 9. https://apjjf.org/-Yuki-Tanaka/2532/article.html.

Tsushima, Yūko. (2008). *Amari ni yabanna* [Exceedingly Barbaric]. Tokyo: Kodansha.〔津島佑子『あまりに野蛮な』講談社，2008年〕

Tudor, Andrew. (1989). *Monsters and Mad Scientists: A Cultural History of the Horror Movie*. New York: Blackwell.

Vijayan, Suchitra. (2014). "Rwanda and the NY Times: On Those Images by Pieter Hugo Pairing Perpetrators and Victims of the 1994 Genocide." *Africa Is a Country*, April 25. https://africasacountry.com/2014/04/rwanda-the-genocide-must-live-on.

Wang, Chih-ming. (2013). *Transpacific Articulations: Student Migration and the Remaking of Asian America*. Honolulu: University of Hawaii Press.

Watson, Burton. (2003). *Mozi: Basic Writings*. New York: Columbia University Press.

Wu Zhuoliu, and Ioannis Mentzas. (2006). *Orphan of Asia*. New York: Columbia University Press.

dom in a Statist Society." In *The Network Society: A Cross-Cultural Perspective*, ed. Manuel Castells, 99–124. Northampton, MA: Edward Elgar.

Reddy, William M. (2012). *The Making of Romantic Love: Longing and Sexuality in Europe, South Asia, and Japan, 900–1200 ce.* Chicago: University of Chicago Press.

Sakai, Naoki, Brett de Bary, and Toshio Iyotani. (2005). *Deconstructing Nationality.* Ithaca, NY: East Asia Program, Cornell University.〔酒井直樹，伊豫谷登士翁，ブレット・ド・バリー編『ナショナリティの脱構築』柏書房，1996年〕

Sakamoto, Rumi, and Matt Allen. (2007). "Hating 'the Korean Wave': Comic Books: A Sign of New Nationalism in Japan?" *Asia-Pacific Journal* 5, no. 10. https://apjjf.org/-Rumi-Sakamoto/2535/article.html.

SEALDs (Students Emergency Actions for Liberal Democracy) (2016). *Nihon × Hong Kong × Taiwan Wakamono Ha Akiramenai: Kokkyo Wo Koeta "gakusei Undo" No Rentai Ha Kanoka* [Youths never give up — Japan, Hong Kong, and Taiwan: Is a transnational student solidarity possible?]. Tokyo: Ohta Shuppan.〔SEALDs編，磯部涼構成『日本×香港×台湾 若者はあきらめない』太田出版，2016年〕

Shih, Shu-Mei. (2003). "Globalisation and the (In) Significance of Taiwan." *Postcolonial Studies* 6, no 2: 143–53.

Shōji, Sōichi. (1940). *Chin fujin* [Madam Chen]. Tokyo: Tsūbunkaku.〔庄司総一『陳夫人』1940年，通文閣〕

Soh, Chunghee Sarah. (2008). *The Comfort Women: Sexual Violence and Postcolonial Memory in Korea and Japan.* Chicago: University of Chicago Press.

Spurr, David. (1993). *The Rhetoric of Empire: Colonial Discourse in Journalism, Travel Writing, and Imperial Administration.* Durham, NC: Duke University Press.

Starrs, Roy. (2001). *Asian Nationalism in an Age of Globalization.* New York: Routledge.

Stoler, Ann. (2002). *Carnal Knowledge and Imperial Power: Race and the*

gia/nostfe1.htm.
Nishimura, Kohyu. (2006). Hannichi no Choukoku: Chugoku, kankoku, kita-chosen to dou taijisuruka [The overcome of anti-Japan: How to confront China, South and North Korea?]. Tokyo: PHP Kenkyusho. 〔西村幸祐『「反日」の超克——中国，韓国，北朝鮮とどう対峙するか』PHP 研究所，2006年〕
Nozawa, Shunsuke. (2013). "Characterization." *Semiotic Review* 3. https://www.semioticreview.com/ojs/index.php/sr/article/view/16/15.
Nussbaum, Martha Craven. (2013). *Political Emotions: Why Love Matters for Justice.* Cambridge, MA: Harvard University Press.
O'Day, Robin. (2015). "Differentiating sealds from Freeters and Precariats: The Politics of Youth Movements in Contemporary Japan." *Asia-Pacific Journal* 13, no. 37. https://apjjf.org/-Robin-O_Day/4376.
Oguma, Eiji. (2004). *Minshu to aikoku: Sengo nihon no nashonarizumu to kōkyōsei* [Democracy and patriotism: Postwar Japanese nationalism and the public]. Tokyo: Shinyōsha. 〔小熊英二『民主と愛国——戦後日本のナショナリズムと公共性』新曜社，2004年〕
Okamura Tomoko. (2013). "Tsushima Yūko 'amari ni yabanna' ron: sei to shi no rondo" [On Tsushima Yūko's Amari ni yabanna: A rondo of life and death]. *Modern Japanese Literary Studies* 89: 139–53. 〔岡村知子「津島佑子『あまりに野蛮な』論——生と死の円舞（ロンド）」『日本近代文学』89，139–153頁，2013年〕
Otsuki, Tomoe. (2016). "Reinventing Nagasaki: The Christianization of Nagasaki and the Revival of an Imperial Legacy in Postwar Japan." *Inter-Asia Cultural Studies* 17, no. 3: 395–415.
Park, Yuha. (2006). *Wakai no tame ni: kyōkasho, ianfu, tokuto* [For reconciliation: Text books, "comfort women," and Dokto]. Tokyo: Heibonsha. 〔朴裕河著，佐藤久訳『和解のために——教科書・慰安婦・靖国・独島』平凡社，2006年〕
Prashad, Vijay. (2001). *Everybody Was Kung Fu Fighting: Afro-Asian Connections and the Myth of Cultural Purity.* Boston, MA: Beacon.
Qiu, Jack Linchuan. (2004). "The Internet in China: Technologies of Free-

Lowe, Lisa. (2006). "The Intimacies of Four Continents." In *Haunted by Empire: Geographies of Intimacy in North America History*, ed. Ann Stoler, 191-212. Durham, NC: Duke University Press.

Manto, Saddat Hasan. (2008). *Kingdom's End: Selected Stories*. New York: Penguin Global.

Marotti, William A. (2013). *Money, Trains, and Guillotines: Art and Revolution in 1960s Japan*. Durham, NC: Duke University Press.

McGregor, Katharine. (2016). "Emotions and Activism for Former So-called 'Comfort Women' of the Japanese Occupation of the Netherlands East Indies." *Women's Studies International Forum* 54: 67-78.

Mitchell, W. J. T. (2000). "What Sculpture Wants: Placing Antony Gormley." In *Antony Gormley: Blind Light*, ed. Anthony Vidler, Susan Stewart, and W. J. T. Mitchell. London: Phaidon. http://www.antonygormley.com/resources/download-text/id/114.

Miyoshi, Masao. (1991). *Off Center: Power and Culture Relations between Japan and the United States*. Cambridge, MA: Harvard University Press. 〔マサオ・ミヨシ著, 佐復秀樹訳『オフ・センター——日米摩擦の権力・文化構造』平凡社, 1996年〕

Mizoguchi Yūzō. (2005). "Hannichi demo: Doyū rekishi no medemiruka" [Anti-Japan demonstration: How to see through the eye of history]. *Gendai Shiso* 33(6): 144-51. 〔溝口雄三「反日デモ——どういう歴史の目で見るか」青土社『現代思想』33(6), 144-151頁, 2005年〕

Mori Yoshio. (2001). *Taiwan/nihon-rensasuru Koroniarizumu* [Colonialism connecting Taiwan and Japan]. Tokyo: Impact Shuppansha. 〔森宣雄『台湾／日本——連鎖するコロニアリズム』インパクト出版社, 2001年〕

Morris-Suzuki, Tessa. (2004). *The Past within Us: Media, Memory, History*. London: Verso. 〔テッサ・モーリス＝スズキ著, 田代泰子訳『過去は死なない——メディア・記憶・歴史』岩波書店, 2004年〕

Napier, Susan J. (1993). "Panic Sites: The Japanese Imaginations of Disaster from Godzilla to Akira." *Journal of Japanese Studies* 19, no. 2: 327-51.

Natali, Marcos Piason. (2004). "History and the Politics of Nostalgia." *Iowa Journal of Cultural Studies* 5, no. 1. http://www.uiowa.edu/-ijcs/nostal

Ko, Yu-fen. (2003). "Consuming Differences: 'Hello Kitty' and the Identity Crisis in Taiwan." *Postcolonial Studies* 6, no. 2: 175–89.

Kobayashi Yoshinori. (2000). *Shin-gōmanizumu sengen. Special Taiwan ron* [A manifesto of the new pride: A special theory of Taiwan]. Tokyo: Shōgakukan. 〔小林よしのり『新・ゴーマニズム宣言 SPECIAL 台湾論』小学館, 2000年〕

Koschmann, Victor J. (2006). "National Subjectivity and the Uses of Atonement in the Age of Recession." In *Japan after Japan: Social and Cultural Life from the Recessionary 1990s to the Present*, ed. Tomiko Yoda and Harry Harootunian, 122–41. Durham, NC: Duke University Press.

Kushner, Barak. (2006). "Gojira as Japan's First Postwar Media Event." In *In Godzilla's Footsteps: Japanese Pop Culture Icon on the Global Stage*, ed. William M. Tsutsui and Michiko Ito, 41–50. New York: Palgrave Macmillan.

Kushner, Barak. (2015). *Men to Devils, Devils to Men: Japanese War Crimes and Chinese Justice*. Cambridge, MA: Harvard University Press. Kindle.

Kwon, Nayoung Aimee. (2015). *Intimate Empire: Collaboration and Colonial Modernity in Korea and Japan*. Durham, NC: Duke University Press.

Laha Mebow (Chen, Chieh-yao), dir. (2010). *Buyiyang de yueguang* (Finding Sayun). Hua-Ying Entertainment.

Lee, Hyunjung, and Younghan Cho. (2009). "Performing Nation-ness in South Korea during the 2002 Korea-Japan World Cup." *Korea Journal* 49 no. 3: 93–120.

Lee, Woo-young. (2016). "'Comfort Women' Statues Resonate with Koreans." *The Korea Herald*, March 6. http://www.koreaherald.com/view.php?ud=20160303000844

Leys, Ruth. (2007). *From Guilt to Shame: Auschwitz and After*. Princeton, NJ: Princeton University Press.

Lo, Kwai-Cheung. (1996). "Muscles and Subjectivity: A Short History of the Masculine Body in Hong Kong Popular Culture." *Camera Obscura* 13, no. 3 (September): 104–25.

〔鄭百秀『コロニアリズムの超克——韓国近代文化における脱植民地化への道程』草風館，2007年〕

Karatani, Kōjin. (2014). *The Structure of World History: From Modes of Production to Modes of Exchange.* Trans. Michael Bourdaghs. Durham, NC: Duke University Press.〔柄谷行人『世界史の構造』2015年，岩波書店〕

Kato, M. T. (2007). *From Kung Fu to Hip Hop: Globalization, Revolution, and Popular Culture. Albany*: State University of New York Press.

Kato Norihiro. (1997). *Haisengoron* [On war defeat]. Tokyo: Kodansha.〔加藤典洋『敗戦後論』講談社，1997年〕

Kato Norihiro. (2010). Sayounara, Gojira-tachi: Sengo Kara Toku Hanarete. Tokyo: Iwanami Shoten.〔加藤典洋『さようなら，ゴジラたち——戦後から遠く離れて』岩波書店，2010年〕

Kim, Hang. (2016). "Universalism and Colonialism: Reconsidering Postwar Democracy in Japan." *Inter-Asia Cultural Studies* 17, no. 3: 481–95.〔金杭「普遍主義と植民主義——戦後民主主義の臨界点」成蹊大学アジア太平洋研究センター『アジア太平洋研究』編集委員会『アジア太平洋研究』42号，19–38頁，2017年〕

Kim, Kyung Hyun. (2004). *The Remasculinization of Korean Cinema.* Durham, NC: Duke University Press.

Kim, Nami. (2012). "Marking the 1,000th Wednesday Demonstration." *Feminist Studies in Religion*, January 14. http://www.fsrinc.org/blog/marking-1000th-wednesday-demonstration.

Kim, Soyoung. (2006). "Do Not Include Me in Your Us: Peppermint Candy and the Politics of Difference." *Korea Journal* 46, no. 1: 60–83.

Kim-Gibson, Dai Sil. (1997). "They Are Our Grandmas." *positions: east asia cultures critique* 5, no. 1: 255–74.

Kō, Eitetsu. (1999). *Taiwan bunka saikōchiku no hikari to kage (1945–1947): Lu Xun shisō juyō no ikue* [The light and shadow of the reconstruction of Taiwan culture (1945–1947): Acceptance of Lu Xun's thoughts]. Tokyo: Sōdosha.〔黄英哲『台湾文化再構築の光と影1945–47——魯迅思想受容の行方』創土社，1999年〕

of identity and co-vivality]. Tokyo: Heibonsha Library.〔花崎皋平『アイデンティティと共生の哲学』平凡社ライブラリー，2001年〕

Hara, Kazuo, dir. (1987). *Yukiyukite shingun* [The emperor's naked army marches on]. Tokyo: Shissō Purodakushon.〔原一男監督『ゆきゆきて，神軍』疾走プロダクション，1987年〕

Hardt, Michael. (2011). "For Love or Money." *Cultural Anthropology* 26, no. 4: 676–82.

Hoaglund, Linda. (2003). "Stubborn Legacies of War: Japanese Devils in Sarajevo." *Asia-Pacific Journal/Japan Focus* 1, no. 10. https://apjjf.org/-Linda-Hoaglund/1822/article.html.

Honda, Katsuichi. (1981). *Chūgoku no tabi* [Travels in China]. Tokyo: Asahi Shimbun shuppan.〔本多勝一『中国の旅』朝日新聞出版，1981年〕

Huang Chih-huei (Huang Zhihui). (2004). "Zhan-hou Taiwan de 'Riben wenhua lun' shuwu zhong xianxiande 'dui-wu zhong xianxiande 'ihui, Modernity and its Tears (Part 1)," Ri guan" [Attitudes toward Japan manifested in postwar books from Taiwan on "Discourse on Japanese Culture"]. *Ya-Tai yanjiu luntan* [Forum for Asia-Pacific Debate] 26: 94–118.

Huang, Zheping. (2018). "Cosplaying as Japanese Soldiers Could Become Illegal in China." *Quartz*, April 26. https://qz.com/1262615/china-considers-punishing-those-who-glorify-japanese-militarism-in-a-new-heroes-and-martyrs-protection-law/.

Jameson, Fredric. (1991). *Postmodernism, Or, the Cultural Logic of Late Capitalism*. Durham, NC: Duke University Press.

Jameson, Fredric. (1995). *The Geopolitical Aesthetic: Cinema and Space in the World System*. Bloomington: Indiana University Press.

"Japanese pm Stirs Up Trouble with 'Comfort Women' Remark." 2012. *Chosun Ilbo* (English edition), March 28.

Jung, Baek Soo. (2007). *Koroniarizumu no choukoku: kankoku kindai bunka ni okeru datsu shokuminchi-ka eno dotei* [Overcoming colonialism: The process of decolonization in modern Korean culture]. Tokyo: Sofukan.

Fanon, Frantz. (1968). *The Wretched of the Earth.* New York: Grove Press. 〔フランツ・ファノン著，鈴木道彦訳『地に呪われたる者　新装版』みすず書房，2015年〕

Feldman, Noah. (2015). "Apology Isn't Justice for Korean's 'Comfort Women.'" *Bloomberg View*, December 28. https://www.bloomberg.com/opinion/articles/2015-12-28/how-korea-s-deal-with-japan-fails-comfort-women-.

Field, Norma. (1991). *In the Realm of a Dying Emperor: A Portrait of Japan at Century's End.* New York: Pantheon. 〔ノーマ・フィールド著，大島かおり訳『天皇の逝く国で　増補版』みすず書房，2011年〕

Fore, Steve. (2001). "Life Imitates Entertainment: Home and Dislocation in the Films of Jackie Chan." In *At Full Speed: Hong Kong Cinema in a Borderless World*, ed. Esther C. M. Yau, 115–41. Minneapolis: University of Minnesota Press.

Gateward, Frances K. (2007). *Seoul Searching: Culture and Identity in Contemporary Korean Cinema.* Albany: State University of New York Press.

Giddens, Anthony. (1992). *The Transformation of Intimacy: Sexuality, Love, and Eroticism in Modern Societies.* Stanford, CA: Stanford University Press. 〔アンソニー・ギデンズ著，松尾精文，松川昭子訳『親密性の変容――近代社会におけるセクシュアリティ，愛情，エロティシズム』而立書房，1995年〕

Guthrie-Shimizu, Sayuri. (2006). "Lost in Translation and Morphed in Transit: Godzilla in Cold War America." In *In Godzilla's Footsteps: Japanese Pop Culture Icon in the Global Stage*, ed. William M. Tsutsui and Michiko Ito, 51–62. New York: Palgrave Macmillan.

Halliday, Jon, and Gavan McCormack. (1973). *Japanese Imperialism Today: "Co-Prosperity in Greater East Asia".* New York: Monthly Review Press.

Hanasaki, Kōhei. (2000). "Decolonialization and Assumption of War Responsibility." *Inter-Asia Cultural Studies* 1, no. 1: 71–83.

Hanasaki, Kōhei. (2001). *Aidentiti to kyōsei no tetsugaku* [The philosophy *hito to kōryū* [New modern history of East Asia, vol. 2: People and exchanges]. Tokyo: Nihon hyōronsha.〔日中韓3国共通歴史教材委員会編『新しい東アジアの近現代史　下——テーマで読む人と交流　未来をひらく歴史』日本評論社，2012年〕

Connery, Christopher. (2001). "On the Continuing Necessity of Anti-Americanism." *Inter-Asia Cultural Studies* 2, no. 3: 399–405.

Davis, Heather, and Paige Sarlin. (2008). "On the Risk of a New Rationality: An Interview with Lauren Berlant and Michael Hardt." Review in *Cultural Theory* 2, no. 3. http://reviewsinculture.com/2012/10/15/on-the-risk-of-a-new-relationality-an-interview-with-lauren-berlant-and-michael-hardt/.

Derrida, Jacques. (2001). *On Cosmopolitanism and Forgiveness.* London: Routledge.

Dirlik, Arif. (1991). "'Past Experience, If Not Forgotten, Is a Guide to the Future'; Or, What Is in a Text? The Politics of History in Chinese-Japanese Relations." *Boundary* 2 18, no. 3: 29–58.

Dirlik, Arif. (2002). "Rethinking Colonialism: Globalization, Postcolonialism, and the Nation." *Interventions* 4, no. 3 (January): 428–48.

Dower, John. (2000). *Embracing Defeat: Japan in the Wake of World War II.* New York: W. W. Norton and Company.〔ジョン・ダワー著，三浦陽一／高杉忠明／田代泰子訳『敗北を抱きしめて——第二次大戦後の日本人　上・下　増補版』岩波書店，2004年〕

Dudden, Alexis. (2014). *Troubled Apologies among Japan, Korea, and the United States.* New York: Columbia University Press.

Escobar, Arturo. (2018). *Designs for the Pluriverse: Radical Independence, Autonomy, and the Making of Worlds.* Durham, NC: Duke University Press.

Fabian, Johannes. (2002). *Time and the Other: How Anthropology Makes Its Object.* New York: Columbia University Press.

"Fact Sheet on Japanese Military 'Comfort Women.'" (2015). *Asia-Pacific Journal,* May 11. https://apjjf.org/-Asia-Pacific-Journal-Feature/4829/article.html.

Endo, 211–26. Lanham, MD: Lexington Books.
Cho Han Hae-joang. (2001). "'You Are Entrapped in an Imaginary Well': The Formation of Subjectivity within Compressed Development — a Feminist Critique of Modernity and Korean Culture." *Inter-Asia Cultural Studies* 1, no. 1: 49–69.
Choi, Chungmoo. (2001). "The Politics of War Memories toward Healing." In *Perilous Memories: The Asia-Pacific War*, ed. T. Fujitani, Geoffrey M. While, and Lisa Yoneyama, 395–409. Durham, NC: Duke University Press.
Choi, Chungmoo. (2002). "The Politics of Gender, Aestheticism, and Cultural Nationalism in Sopyonje and the Genealogy." In *Im Kwon-Taek: The Making of a Korean National Cinema*, ed. David E. James and Kyung Hyun Kim, 107–33. Detroit, MI: Wayne State University Press.
Chow, Rey. (2002). *The Protestant Ethnic and the Spirit of Capitalism*. New York: Columbia University Press.
Chow, Rey. (2012). *Entanglements: Or Transmedial Thinking about Capture*. Durham, NC: Duke University Press.
Common History Project [Nicchūkansankoku kyōtsurekishikyōzai iinkai]. (2006). *Mirai wo hiraku rekishi: nihon, chūgoku, kankoku kyōtsuhenshu higashiajia sankoku no kindaishi* [A history that opens to the future: Japan, China, and Korea; The contemporary and modern history of the three East Asian countries]. Tokyo: Kōbunken.〔日中韓３国共通歴史教材委員会編『未来をひらく歴史――東アジア３国の近現代史』高文研，2006年〕
Common History Project [Nicchūkansankoku kyōtsurekishikyōzai iinkai]. (2012a). *Atarashii higashiajia no kingendaishi Vol. 1: kokusai kankei no hendō de yomu* [New modern history of East Asia, vol. 1, Reading changes in international relations]. Tokyo: Nihon hyōronsha.〔日中韓３国共通歴史教材委員会編『新しい東アジアの近現代史　上――国際関係の変動で読む　未来をひらく歴史』日本評論社，2012年〕
Common History Project [Nicchūkansankoku kyōtsurekishikyōzai iinkai]. (2012b). *Atarashii higashiajia no kingendaishi Vol. 2: teima de yomu*

Callahan, William. (2007). "Trauma and Community: The Visual Politics of Chinese Nationalism and Sino-Japanese Relations." *Theory and Event* 10, no. 4. https://muse.jhu.edu/article/230142.

Callahan, William. (2010). *China: The Pessoptimist Natio*n. Oxford: Oxford University Press.

Cao Rui. (2018). "Jingri shi shemo yisi" [What is spiritually Japanese?]. *Xuehua News*, February 26. https://www.xuehua.us/2018/02/26/精日是什么意思-曝光人揭秘三类精日圈/zh-tw/.

Chen Duxiu. (1937). *Kangri zhanzheng zhi yiyi* [The meaning of the war of resistance]. Speech given at Huachung University, Wuhan, China, on October 6. https://www.marxists.org/chinese/chenduxiu/mia-chinese-chen-19371006.htm.

Chen Kuan-Hsing. (2000). "The Imperialist Eye: The Cultural Imaginary of a Subempire and a Nation-State." Trans. Wang Yiman. *positions: east asia cultures critique* 8, no 1: 9–76.

Chen Kuan-Hsing. (2002). "Why Is 'Great Reconciliation' Impossible? De-ColdWar/Decolonization, Or Modernity and Its Tears (Part 1)." *Inter-Asia Cultural Studies* 3, no. 1: 77–99.

Chen Kuan-Hsing. (2010). *Towards De-Imperialization: Asia as Method*. Durham, NC: Duke University Press.〔陳光興著，丸川哲史訳『脱帝国——方法としてのアジア』以文社，2011年〕

Cheong, Sung-hwa. (1991). *The Politics of Anti-Japanese Sentiment in Korea: Japanese-South Korean Relations under American Occupation, 1945–1952*. New York: Greenwood Press.

Ching, Leo T. S. (2001). *Becoming "Japanese": The Politics of Identity Formation in Colonial Taiwan*. Berkeley: University of California Press.〔レオ・チン著，菅野敦志訳『ビカミング〈ジャパニーズ〉』勁草書房，2017年〕

Ching, Leo T. S. (2012). "Colonial Nostalgia or Postcolonial Anxiety: The Dōsan Generation In Between 'Restoration' and 'Defeat.'" In *Sino-Japanese Transculturation: From the Late Nineteenth Century to the End of the Pacific War*, ed. Richard King, Cody Poulton, and Katsuhiko

参考文献

Akiyama, Jōji, and Kō Bunyu. (2013). *Manga Chūgoku nyūmon: yakkai na rinjin no kenkyū* [Manga intro to China: The study of a troublesome neighbor]. Tokyo: Asukashinsha.〔ジョージ秋山著，黄文雄監修『マンガ中国入門——やっかいな隣人の研究』飛鳥新社，2013年〕

Allison, Anne. (2013). *Precarious Japan.* Durham, NC: Duke University Press.

Arendt, Hannah. (1963). *Eichmann in Jerusalem: A Report on the Banality of Evil.* London: Penguin.〔ハンナ・アーレント著，大久保和郎訳『エルサレムのアイヒマン——悪の陳腐さについての報告　新版』みすず書房，2017年〕

Badiou, Alain, and Nicolas Truong. (2012). *In Praise of Love.* New York: The New Press.〔アラン・バディウ，ニコラ・トリュオング著，市川崇訳『愛の世紀』水声社，2012年〕

Berry, Chris. (2006). "Stellar Transit: Bruce Lee's Body or Chinese Masculinity in a Transnational Frame." In *Embodied Modernities: Corporeality, Representation, and Chinese Cultures,* ed. Fran Martin and Larissa Heinrich, 218-34. Honolulu: University of Hawaii Press.

Billig, Michael. (1995). *Banal Nationalism.* London: Sage.

Bix, Herbert. (2001). *Hirohito and the Making of Modern Japan.* New York: HarperCollins.〔ハーバート・ビックス著，吉田裕訳『昭和天皇　上・下』講談社，2002年〕

Butler, Judith. (1997). *Excitable Speech: A Politics of the Performative.* London: Routledge.〔ジュディス・バトラー著，竹村和子訳『触発する言葉——言語・権力・行為体』岩波書店，1997年〕

Butler, Judith. (2004). *Precarious Life: The Powers of Mourning and Violence.* London: Verso.〔ジュディス・バトラー著，本橋哲也訳『生のあやうさ——哀悼と暴力の政治学』以文社，2007年〕

比護遥（ひご・はるか）［2章］

1996年生まれ．京都大学大学院教育学研究科博士後期課程在籍，日本学術振興会特別研究員．『チャイニーズ・タイプライター』（訳書，トーマス・マラニー著，中央公論新社），「抗戦期中国の読書と動員」（『現代中国研究』第45号）など．

輪島裕介（わじま・ゆうすけ）［1章］

1974年生まれ．東京大学大学院人文社会系研究科博士後期課程修了．博士（文学）．大阪大学大学院文学研究科教授．『創られた「日本の心」神話』（光文社新書），『踊る昭和歌謡』（NHK 出版新書）など．

著者略歴

レオ・チン（Leo T. S. Ching　荊子馨）

1962年台北生まれ．カリフォルニア大学サンディエゴ校にてPh.D取得．現在，デューク大学アジア・中東研究学部教授．『ビカミング〈ジャパニーズ〉 植民地台湾におけるアイデンティティ形成のポリティクス』（菅野敦志訳，勁草書房）．

訳者略歴

倉橋耕平（くらはし・こうへい）［監訳，序章，3章，エピローグ］

1982年生まれ．関西大学大学院社会学研究科博士後期課程修了．博士（社会学）．創価大学文学部准教授．『歴史修正主義とサブカルチャー 90年代保守言説のメディア文化』（青弓社），『教養としての歴史問題』（共著，東洋経済新報社）など．

趙相宇（ちょ・さんう）［4章］

1993年ソウル生まれ．京都大学大学院教育学研究科教育学環専攻博士後期課程修了．博士（教育学）．立命館大学産業社会学部特任助教．「3・1節の周年報道における対日感情の検討」（『京都大学大学院教育学研究科紀要』第65号），「3・1節と8・15光復節の報道史」（『マス・コミュニケーション研究』第96号）など．

永冨真梨（ながとみ・まり）［5章，6章］

1979年生まれ．同志社大学大学院グローバル・スタディーズ研究科博士後期課程修了．博士（アメリカ研究）．摂南大学外国語学部外国語学科講師．「日中戦争開始前後の日本における周縁的男性像　灰田勝彦のカウボーイソング「いとしの黒馬よ」を例として」（『戦争社会学研究』第3巻），「Remapping Country Music in the Pacific: Country Music and Masculinities in Post-War Japan, 1945-56」（『Journal of Popular Music Studies』32(2)）など．

ISBN978-4-409-24137-0　C1036

反日
――東アジアにおける感情の政治

二〇二一年八月一日　初版第一刷印刷
二〇二一年八月一〇日　初版第一刷発行

著　者　レオ・チン
監　訳　倉橋耕平
発行者　渡辺博史
発行所　人文書院
〒六一二-八四四七
京都市伏見区竹田西内畑町九
電話〇七五・六〇三・一三四四
振替〇一〇〇〇-八-一一〇三
印刷所　創栄図書印刷株式会社
装　丁　上野かおる

落丁・乱丁本は小社送料負担にてお取り替えいたします

アーロン・S・モーア著／塚原東吾監訳

「大東亜」を建設する

帝国日本の技術とイデオロギー

四九五〇円（本体＋税10％）

戦時下において「技術」に希望を託し、合理的な統治と動員体制を築こうとした革新官僚と技術者たちがいた。帝国日本にとって「技術」とは何だったのか。「大東亜」建設の実相に、新たな視角から迫る力作。